KOMPASS

Dein Augenblick

OSTSEE

Die Qualität eines Augenblicks hängt vom Blickwinkel ab. Wir zeigen dir Aussichten,
für die sich der Weg lohnt, und verraten, wo du die besten Ansichten
an der Ostsee erlebst.

Legende

Stohler Steilküste
Die Ganzjahres-Wanderung kann nur der Wind verhindern. Er hat die Küste gemeinsam mit dem Wasser geformt. **Seite 28**

Halbinsel Graswarder
Die Gezeiten und der Wind formten das Land, das einst eine Insel war. Die prächtigen Strandvillen bringt die Veränderung in Bedrängnis. **Seite 34**

Brodtener Steilufer
Bizarres Naturparadies – Panoramablick zwischen Travelmünde und Niendorf. **Seite 54**

Durch den Klützer Winkel
Dort wo sich alte Backsteinkirchen inmitten grüner Wiesen und Felder mit Blick zur Ostsee abheben, tickt die Zeit abseits des Trubels der Städte noch ganz anders. **Seite 60**

Fehmarn – Flügger Watt

Inmitten des Naturschutzgebiets Krummsteert steht der Leuchtturm Flügge – ein wahrer Inbegriff an Erhabenheit und Ruhe. **Seite 42**

Fehmarn – entlang der Ost- und Südküste

Fernweh schnuppern und auf einem malerischen Weg zum Leuchtturm Staberhuk wandern: Pure Energie, was auch immer Dich trifft... **Seite 48**

Ostseeinsel Poel, Timmendorfer Strand und Lübecker Bucht

Poel – das große Eiland zwischen dem Salzhaff und der Wohlenberger Wiek in der Wismarbucht. **Seite 66**

Dietrichshagener Berg und Leuchtturm Buk

Landschaftlich reizvolle, wildromantische und mit Ausbuchtungen versehene Steilküste sowie dem Leuchtturm Buk – der topografisch höchste Leuchtturm Deutschlands. **Seite 72**

9

Küstenwanderweg Stoltera und Nienhagener Gespensterwald
Wer ein Schlechtwettermotiv sucht wird hier fündig. Erst bei wenig Licht entfaltet der Wald seine volle mystische Wirkung. **Seite 78**

10

Rostocker Heide

Kaum eine deutsche Stadt besitzt einen größeren Stadtwald als Rostock. Die mit ca. 6.000 Hektar große Rostocker Heide erstreckt sich hier direkt an der Ostseeküste entlang. **Seite 86**

11

Wustrow – Ahrenshoop

Das Hohe Ufer zwischen den Ostseebädern Ahrenshoop und Wustrow – Steilküste vom Meer geformt, wild und wunderschön verbunden mit dem ruhigen Bodden. **Seite 92**

12

Von Prerow zum Darßer Ort

Urwald – was nach fernen Ländern klingt, liegt in Prerow direkt vor der Haustür. Auf jungen Dünen im Darßer Urwald wachsen die Kiefern so, wie der Küstenwind sie formt. Daneben wirken die nassen Erlenbruchwälder geheimnissvoll und still. **Seite 98**

13

Am Prerower Strom nach Zingst

Die Wandertour führt entlang des traumhaft schönen Ufers des Prerower Stroms bis zur Meiningenbrücke, dann weiter am Zingster Strom mit seinen Beobachtungstürmen vorbei nach Zingst. **Seite 104**

Neuendorf – Vitte – Kloster
Unterwegs auf Rügens schöner Schwester.
Seite 110

Rügen: Schaprode – Wittower Fähre
Vom Schaproder Bodden bis zur Wittower Fähre, der Beginn des Breetzer Boddens.
Seite 116

Hiddensee: Kloster – Dornbusch – Bakenberg
Eine waldreiche Rundtour durch das Hochland Dornbusch zum beliebtesten Fotomotiv der Insel, dem Leuchtturm Dornbusch im Norden der Insel Hiddensee. **Seite 128**

Rügen: Putgarten – Kap Arkona – Juliusruh
Vom nördlichsten Erholungsort Rügens, Putgarten, geht es am Kap Arkona, den berühmten Kreidefelsen und am malerischen Ort Vitt vorbei nach Juliusruh. **Seite 134**

Rügen: Wittower Fähre – Zürkvitz – Wiek
Wanderung am Ufer des Rassower Stroms entlang zum Wieker Bodden.
Seite 122

19

Rügen: Putgarten – Vitt – Kap Arkona

Nordkapfeeling am Kap Arkona und alte Fischerhäuser mit typischen Reetdächern in Vitt.
Seite 140

20

Rügen: Juliusruh – Glowe

Schaabenwanderung an uralten Bäumen vorb in Juliusruh, waldreich mit wunderschönen Aussichten nach Glowe und entspannt am Strand zurück zum Ausgangspunkt. **Seite 14**

23

Bergen – Buschvitz – Pulitz

Wanderung durch die abwechslungsreiche Pflanzen- und Tierwelt der Stedar-Bucht.
Seite 164

24

Rügen: Binz – Granitz – Sellin

Seebäder, Kurhäuser, Sandstrände und weiße Kreidefelsen bilden die traumhafte Ostsee-Kulisse. **Seite 170**

Rügen: Hagen – Herthasee – Königsstuhl

pektakuläre Kultur- und Naturdenkmäler im
Jationalpark Jasmund. **Seite 152**

Rügen: Sassnitz – Königsstuhl – Lohme

Königstour zur berühmten Kreidefelsenküste
auf Rügen. **Seite 158**

Sellin – Baabe – Selliner See

b der Perle von Sellin – der Seebrücke – über
Baabe zum Naturschutzgebiet am Westufer
es Selliner Sees. **Seite 176**

Rügen: Thiessow – Lobber Ort

Der Südosten der Insel auf der Halbinsel
Mönchgut verspricht eine abwechslungsreiche
Tour über „Perde" und feinsandigem Strand.
Seite 182

27

Rügen: Zickersche Alpen

Im Naturschutzgebiet Zicker bei Gager auf der Halbinsel Mönchgut liegen die
Zickerschen Alpen – Aussichten garantiert. **Seite 188**

28

Usedom: Zum Möwenort auf em Gnitz

er Weiße Berg im Naturschutzgebiet Südspitze nitz am Krumminer Wiek lädt zum „fern hen" ein. **Seite 194**

30

Usedom: Kaiserbäder Bansin – Heringsdorf – Ahlbeck

Flanieren auf der Kaiserbäderpromenade über wunderschön gestaltete Seebrücken an der Küste entlang. **Seite 206**

29

Usedom: Halbinsel Lieper Winkel

chilfgürtel am Achterwasser, malerische Häuser nd die älteste Kirche auf Usedom in Liep nachen die Wanderung zu einem Erlebnis. **eite 200**

OSTSEE

ODENSE

Fyn

131

Korsør

Skælskør

Nyborg

Agersø

Næstved

Faaborg

·119

Omø

Sjælland

mark

Svendborg

Tåsinge

Lange-

Smålands-
farvandet

Vordingborg

Rudkøbing

ønderborg

Ærø

land

Nakskov

Lolland

Saks-
købing

Nykøbin

urger Förde

Maribo

Langelands-

Schlei

Kieler

Femern Bælt

Rødsand

Geds

Bucht

Fehmarnbelt

1

Eckernförde

3

4

Fehmarn

Kieler Förde

2

Heiligen-
hafen

Mecklenburger

210

KIEL

Lütjenburg

Oldenburg
in Holstein

215

Preetz

Bungsbg.
168 ·

Bucht

8

9

Plön

Malente

Grömitz

Kühlungsborn 128

Gr.

Eutin

Neustadt
in Holstein

Bad Doberar

Plöner S.

Neumünster

Lübecker Bucht

5

6

7

Mec

21

Timmendfr. Strand

1

Poel

sen

Bad
Segeberg

Bad Schwartau

Wismar

Schwaa

20

Dassow

144

Bütz

Bram-
edt

Kalten-
kirchen

Bad
Oldesloe

20

Grevesmühlen

ckborn

Holstein

LÜBECK

Warnow

Norderstedt

Schwerin.

Ahrens-
burg

Ratzeburg

Gade-
busch

See

Sternberg

Mölln

SCHWERIN

Deine 30 Touren an Deutschlands Ostseeküste

Moderne Seilschaft

Es sind aufstrebende Fotografinnen und Fotografen, die dich gemeinsam mit versierten Wanderern an dein Ziel führen. Erfahrung und Tatendrang treffen sich mit der gemeinsamen Sehnsucht nach den beeindruckendsten Augenblicken an der Ostsee.

Nico Kaiser

Gregor Essi

Nico Kaiser wurde 1976 in Thüringen geboren, lebt aber mit seiner Familie inzwischen seit vielen Jahren in München. Den Einstieg in die Fotografie fand der Informatiker über die Möglichkeiten der digitalen Bildbearbeitung. Spätestens mit dem Kauf der ersten digitalen Spiegelreflexka-

Erfahrung zählt, Leidenschaft besteht

mera gab es dann aber kein Halten mehr. An erster Stelle steht die Landschaftsfotografie und sein Spezialgebiet die Nacht- und Milchstraßenfotografie, aber auch für Architektur, Portraits oder Makros kann er sich begeistern. „Ein Aspekt, der mir besonders gut gefällt, ist, dass es fast unmöglich ist, an einem tollen Spot nicht auf

Gleichgesinnte zu treffen und ins Gespräch zu kommen!"

Gregor Essi liegt es, Inhalte zu vermitteln. Wenn er nicht mit der Kamera aufbricht und die schönsten Strände Deutschlands ablichtet, bringt er als Gymnasiallehrer in Hamburg seinen Schüler etwas bei. Vom klassischen Urlaubsfotografen wandelte sich das Blatt beim ersten Kontakt mit einer Spiegelreflexkamera zur Leidenschaft. Seither nutzt er jede freie Minute, um sich mit der Fotografie zu beschäftigen. Anfangs noch mit einer Endlosschleife an Tutorials. Aktuell bezeichnet sich Gregor selbst als „leidenschaftlichen Hobbyfotografen". Eine Untertreibung, wie wir finden.

Bernd Meissner dokumentiert seit seiner Jugend seine Reisen mit der Kamera und bezeichnet sich gern als Reisefotograf und

Bernd Meissner

Jürgen Wachowski

Urlaubs-Chronist. Zusammen mit seiner Frau bereist er die Welt und versucht stets, eine Kamera dabei zu haben – gerne nur mit einer schönen Festbrennweite. Er schätzt die kalte Jahreszeit zum Fotografieren, wenn die Tage kurz sind und das Licht ein kostbares Gut. Seine liebsten Motive findet er an der Nord- und Ostseeküste außerhalb der Urlaubssaison, wenn Mensch und Natur zur Ruhe kommen.

Jürgen Wachowski ist selbstständig im Wanderservice-Bereich und führt in vielen Regionen Deutschlands Wanderfahrten mit Reiseunterunternehmen durch. Weiterhin zertifiziert er Wanderwege und ist bei der Kreisverwaltung Kusel für die Wanderwegeinfrastruktur verantwortlich. Geboren wurde er 1959 in Otterberg in der Pfalz, wo er später sein Hobby zum Beruf machte. Sein Motto ist „Lebe Deine Träume, die Zeit ist viel zu kurz um schlechten Wein zu trinken".

Jeder Augenblick wird mit dem Highlight der Tour vorgestellt. Bei der Vorstellung steht neben dem Fotografen der jeweiligen Tour auch sein Kürzel unter dem man ihn auf Instagram findet, so zum Beispiel: **@greg.0.r**

Weitere Fotos in diesem Buch stammen von **Daniel Rüsseler, Jan Zuch, Simeon Kraeft, Anton Schneider, Dennis Krüger, Jan Junghans Dustin Krehmke, Christine Kurzweg, Irina Mituca, Ulrike Eisenmann** und vom **Team KOMPASS**.

Tourenbeschreibungen haben auch **Dr. Richard Goedeke** und **Bernhard Pollmann** beigesteuert. Ihnen allen herzlichen Dank!

Deine Verantwortung

KOMPASS will dir mit diesem Wanderführer die Schönheit und Einzigartigkeit der Natur vor Augen führen. Hierfür wurden ganz besondere Orte ausgewählt. Sie gewähren dir einen atemberaubenden Blick auf die einzigartige Komposition aus natürlichen Strukturen und Elementen der jeweiligen Landschaft. Manchmal ist für das Auffinden der perfekten Perspektive ein Extraschritt auf schmalem Steig oder in weglosem Gelände erforderlich. Gerade hier gilt es sich eigenverantwortlich und respektvoll gegenüber der Natur und den Mitmenschen zu verhalten. Die Umwelt zu schützen und den eigenen Fußabdruck minimal zu halten ist Ehrensache.

Einen Moment für die Ewigkeit festzuhalten ist nichts wert, wenn wir die Natur für die Ewigkeit zerstören.

Ehrensache

Respektiere die Natur mit ihrer
Schönheit und die Gefahren.

In der Natur zählt das Miteinander. Gegenseitige Hilfe und
Gemeinschaft wiegen mehr als das perfekte Foto.

Versuche mit öffentlichen Verkehrsmitteln oder mit dem Fahrrad anzureisen.

Gehe kein Risiko ein. Du willst deine Geschichten
schließlich noch erzählen können.

Nimm mehr Müll mit, als du mitbringst.
Beteilige dich am Schutz unserer Umwelt.

Hinterlasse keine Spuren. Das Ökosystem unserer Natur
ist fragil und erholt sich nur langsam.

„Plastik, Dosen und Papier,
sind der Landschaft keine Zier.
Trägst du sie voller bis hierher,
trägst du sie heimwärts auch nicht schwer."

Deinen Augenblick festhalten

Fotografieren im Freien

Intention

Was will ich mit einem Bild ausdrücken oder festhalten? Zuerst sollte man sich überlegen, was man eigentlich als Ergebnis haben möchte. Danach sollte sich die Ausrüstung und der Bildaufbau richten. Es muss nicht gleich die komplette Profiausrüstung sein, um den Moment für die Ewigkeit einzufangen. Schon aus Gründen der Sicherheit sollte ein Handy mit dabei sein. Die meisten Handykameras reichen für erste Fotoversuche vollkommen aus. Seit Bilder nicht erst aufwendig entwickelt werden müssen, kann man einfach drauflosschießen. Vor jedem Versuch sollte eine Überlegung und ein Bildkonzept stehen. Kennt man erst die Möglichkeiten und Grenzen seiner Kamera, sollte man an eine umfangreichere Ausrüstung denken. Denn jedes Objektiv, Stativ und jeder Filter hat auch sein Gewicht. Passend dazu gibt es auch einen Spruch, den man sich zu Herzen nehmen kann: „The best camera is the one that's with you" – „Die beste Kamera ist die, die man dabei hat."

Ausrüstung

Bei der Wahl der Ausrüstung muss sich jeder fragen, was er für ein Ergebnis erzielen will. Hier ein paar grundlegende Informationen: Ein Weitwinkel-Objektiv eignet sich gut für Panorama- und Landschaftsaufnahmen. Ein Objektiv mit einer klassischen Brennweite von 35 – 70 mm eignet sich, um Personen oder Ausschnitte einer Bergszene in den Vordergrund zu stellen. Die Grundregel für die Belichtungszeit ist mindestens die doppelte Brennweite. Wird der Wert unterschritten, kann ein Stativ hilfreich sein. Wenn man es etwas professioneller

angehen möchte, sollte man sich auch Gedanken über die Bildbearbeitung machen. Eine Kamera, die im RAW-Format fotografieren kann, ist dann durchaus sinnvoll. In diesem Format werden nämlich deutlich mehr Bildinformationen gespeichert und dies ermöglicht eine feinere Bildbearbeitung mit der entsprechenden Software. Wichtig ist, dass du deine Ausrüstung kennst und beherrschst. Spiele mit den Einstellungen und Möglichkeiten deiner Kamera. Bevor du deine Ausrüstung für eine Tour packst, mach dir eine kleine Checkliste: Genügend Akku (Ersatzakku, Powerbank), genügend Speicherplatz (Ersatzkarten) und versichere dich, dass Akku und Speicherkarte auch wirklich in der Kamera sind.

Komposition und Bildaufbau

Neben dem gewählten Bildausschnitt und dem Motiv ist das Licht die alles entscheidende Komponente. Für ein gutes Foto heißt es zur richtigen Zeit am richtigen Ort zu sein. Bei vollem Sonnenschein ist mit Gegenlicht und harten Schatten zu rechnen. Wolken, Morgen- und Abendstimmungen eignen sich grundsätzlich besser. Plane deine Tour so, dass du trotzdem sicher zurückkommst und eventuell eine Stirnlampe dabei hast. Im Infokasten „Dein Moment für die Ewigkeit" verraten wir Tipps und Tricks wie man Spannung in Bilder bekommt und der Moment perfekt festgehalten wird. Die Kamera zeigt dir den Aufnahmestandort und die Blickrichtung.

Deine Ostsee

Landschaft, Geschichte, Infos

Die Ostseeküste Deutschlands reicht von Flensburg im Westen bis zur Insel Rügen an der polnischen Grenze. Sie umfasst dabei zwei Bundesländer: Schleswig-Holstein und Mecklenburg-Vorpommern. Neben langen Sandstränden, geschichtsträchtigen Orten und wunderschöner Natur erwartet den Besucher beinahe typisch norddeutsche Entspanntheit und Ruhe.

Zu Deutschland gehören die großen Ostseeinseln Fehmarn und Rügen sowie Usedom, die auch zu einem kleinen Teil zu Polen gehört. Die Landschaft Schleswig-Holsteins gliedert sich von West nach Ost in die Marsch, die Hohe und Niedere Geest und das Schleswig-Holsteinische Hügelland (auch Östliches Hügelland genannt).

Mecklenburg-Vorpommern hat insgesamt eine Küstenlänge von etwa 2.000 km und damit die längste Küste aller deutschen Bundesländer. Den Großteil davon nehmen Buchten und die Vorpommersche Bodden- und Haffküste ein, denn die Küste im östlichen Landesteil ist besonders stark durch Lagunen und Meerengen gegliedert. Die Außenküste ist etwa 350 km lang. Rügen und Usedom sind zugleich Deutschlands größte Inseln. Die bedeutendste Halbinsel ist Fischland-Darß-Zingst. Das Land wird durch Flüsse und Kanäle mit einer Gesamtlänge von mehr als 26.000 km durchkreuzt. Mit seinen über 2.028 Seen mit einer Gesamtfläche von 738 km² besitzt Mecklenburg-Vorpommern eine einzigartige Seen- und Wasserlandschaft.

Die Weite der Ostsee macht die Sorgen klein.

(www.ostsee.de)

Diese Landschaft und auch die Geest sind in der letzten Eiszeit als Endmoränenlandschaft entstanden. Weiter östlich befindet sich die ebenfalls zum Land gehörende Insel Fehmarn, die als Grundmoräne auch aus der letzten Eiszeit hervorging. Größter Fluss des Landes ist die Eider, höchste Erhebung der Bungsberg (168 m).

Zu Zeiten der Hanse nahm die Stadt Lübeck im Westen eine führende Rolle ein. Aus dieser Zeit sind einige Zeugnisse in der sehenswerten Altstadt erhalten geblieben. Über die Lübecker Bucht führt die Küstenlinie weiter in die Wismarer Bucht zur Hansestadt Wismar und nach Rostock.

Dein Augenblick

Tourenbeschreibungen

1 Moräne trifft Meer

Hier ist die Küste dem Meer besonders exponiert ausgesetzt. Die Erosion hat der Moräne schon so weit zugesetzt, dass eine beeindruckende Steilküste entstand.

Bilder von: **Gregor Essi @greg.0.r**

Stohler Steilküste

Tourencharakter
Wanderung über gut ausgebaute Pfade oben an den Klippen entlang. Im Bereich des Schwedendecks teilweise ungesichert nahe der Abbruchkante. Der Rückweg führt am Strand entlang und ist naturgemäß etwas beschwerlicher.

Start und Ziel
Parkplatz südlich des Bülker Leuchtturms, Bülker Weg.

Schwierigkeit: **leicht** - mittel - schwer
Dauer: **3:15 h**
Länge: **13,3 km**
Aufstieg **20 hm**
Abstieg **20 hm**

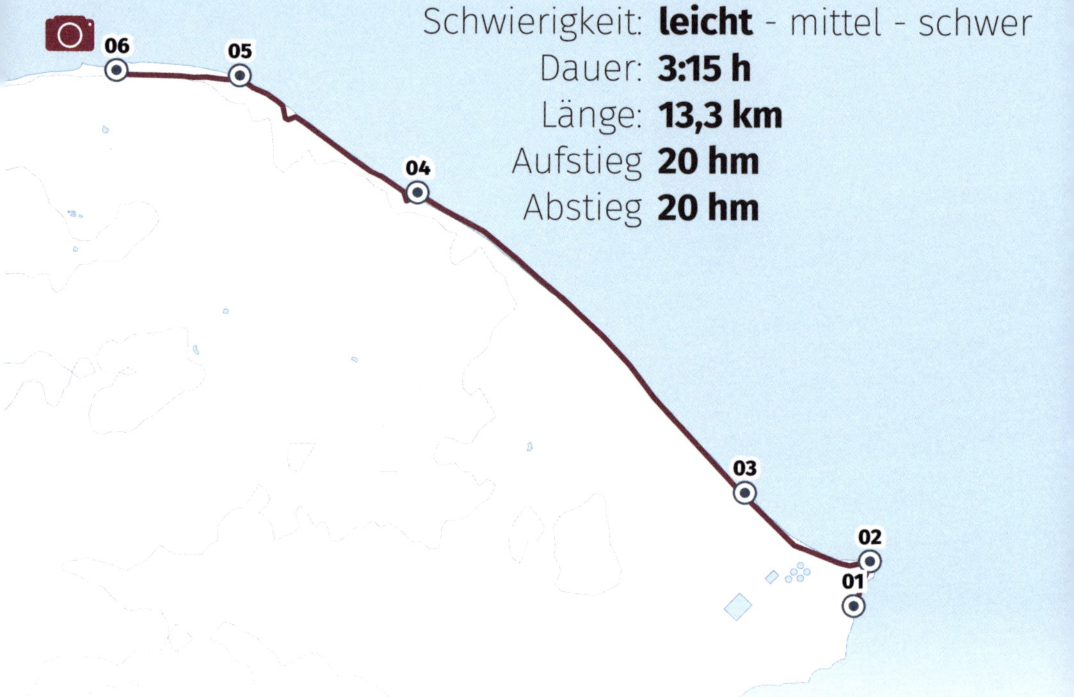

Höhenlinienmodell mit Streckenverlauf

Höhenprofil

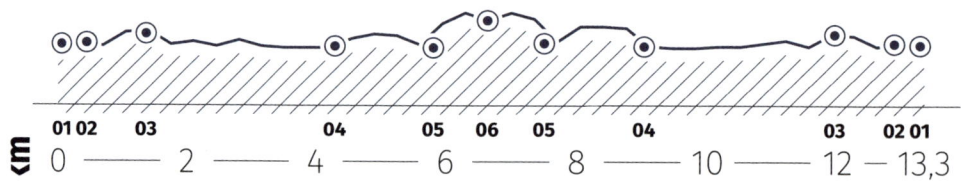

Solange der Wind nicht weht, ist selbst die Daunenfeder von ihrer Schwere überzeugt.

Russisches Sprichwort

Dort wo die Strander Bucht in die Eckernförder Bucht übergeht schiebt sich eine Landzunge in die Ostsee: die Bülker Huk. Vom Leuchtturm an ihrer Spitze genießt man von der Aussichtplattform in 22 m Höhe einen traumhaften Blick auf die Ostsee, die Stohler Steilküste, den Dänischen Wohld und den Kieler Leuchtturm.

Über die Bülker Huk wandert man begleitet von gelb leuchtenden Rapsfeldern Richtung Nordwesten über den Hatzberg zur Stohler Steilküste, eine bis Krusendorf reichende gewaltige Abbruchkante.

Die Küste ist der ständigen Erosion ausgesetzt: Oststürme nagen am Hangfuß, immer

wieder werden große Steine aus der bis zu 30 m hohen Wand herausgespült. Vereinzelt trägt auch austretendes Grundwasser zur Erosion bei. Zur Gemeinde Schwedeneck auf der Halbinsel Dänischer Wohld gehört ein16 km langer Strand.

▶ Start der landschaftlich schönen Wanderung ist der Parkplatz **01** südlich des Bülker Leuchtturms **02**. Wenn der Turm geöffnet hat, sollte man auf jeden Fall zur Aussichtsplattform hochsteigen. Anschließend wandern wir um die Landspitze herum und folgen dem Weg zum Beginn der Steilküste **03**. Auf Höhe der Ortschaft Stohl zweigt nach links ein Weg in den Ort ab, rechts führt eine Treppe **04** zum Wasser und einem Hundestrand hinunter. Der Weg verläuft weiter oben auf der Kliffkante und führt in einem

Linksbogen zur Steilküste von Schwedeneck **05**. Die Bäume reichen bis an die Kliffkante – und immer wieder wird einer in die Tiefe gerissen. Der schmale Trampelpfad führt genau am Steilufer entlang. Wer mit kleinen (und neugierigen) Kindern unterwegs ist, sollte hier entsprechend auf sie aufpassen. Der Blick von oben auf das tiefblaue Wasser der Ostsee ist traumhaft.

Schließlich ist das Strandhaus Schwedeneck **06** 📷 erreicht, der Umkehrpunkt der Wanderung.

Reizvoll aber deutlich anstrengender ist der Rückweg entlang des (Stein-)Strandes. Es lohnt sich aber: Die Kulisse der zwei Steilküstenabschnitte ist von unten betrachtet ausgesprochen eindrucksvoll.

Dein Moment für die Ewigkeit

Sonnenstern

Der Sonnenstern wird durch eine geschlossene Blende erzeugt. Deshalb heißt er auch Blendenstern. Auf dem Bild wirkt er stärker, weil er am Horizont über das dunkle Land strahlen kann. Such dir solche Kanten, an denen die Lichtstrahlen wirken können.

2 Sommerfrische auf Graswarder

Anfang des 20. Jahrhunderts errichteten sich einige Wohlhabende Strandvillen auf der ehemaligen Insel. Heute ist die Insel fest mit der Halbinsel Steinwarder verbunden.

Bilder von: **Gregor Essi @greg.0.r**

Halbinsel Graswarder

Tourencharakter
Einfache, abwechslungsreiche Wanderung; ans Fernglas denken!

Start und Ziel
Heiligenhafen, Parkplatz Steinwarder. Bushaltestelle „Heiligenhafen Steinwarder".

Schwierigkeit: **leicht** - mittel - schwer
Dauer: **3:00 h**
Länge: **12,6 km**
Aufstieg **5 hm**
Abstieg **5 hm**

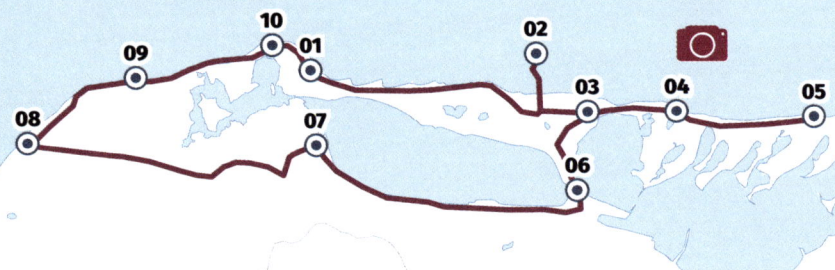

Höhenlinienmodell mit Streckenverlauf

Höhenprofil

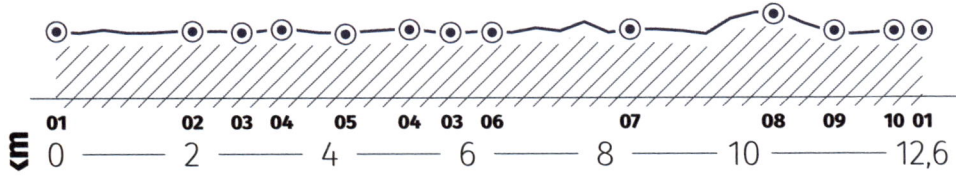

Der Graswarder bildet zusammen mit dem westlich davor gelegenen Steinwarder eine lang gestreckte Halbinsel. Bis 1954 war er eine Insel, dann wurde eine Verbindung zur Halbinsel Steinwarder gebaut. Der Binnensee zwischen Steinwarder und Graswarder hat immer noch eine Verbindung zur Ostsee. Durch die Strömung entlang der Küste sind Steinwarder und Graswarder als Nehrungshalbinseln einem ständigen Veränderungsprozess unterworfen. Es lohnt sich, einmal das Gebiet auf einem Luftbild anzuschauen. Auf diesem sind die neuen Nehrungshaken im Osten als Sandschleier schon gut zu erkennen.

Der östliche Nehrungshaken steht unter Naturschutz, er ist ein wichtiges Brutgebiet für Vogelarten wie Graugänse, Brandgänse, Säbelschnäbler und Austernfischer. Am Rande des Schutzgebietes befindet sich ein Informationszentrum des NABU Schleswig-Holsteins. Im Rahmen von Führungen wird auch der nahe gelegene 14 m hohe Beobachtungsturm zur Vogelbeobachtung genutzt. Rund 220 Vogelarten legen hier Rast

während des Vogelzugs ein, 40 Arten brüten in den Salzwiesen.

Etwas überraschend ist die Bebauung des Graswarders. Die bunten Häuschen wurden um 1900 als Strandvillen errichtet – bis 1954 gab es nur einen Holzsteg als Verbindung zum Hafen. Heute stehen alle 15 Häuser unter Denkmalschutz.

▶ Wir starten am Parkplatz Steinwarder **01**, gehen vor zum Strand und folgen der Seebrückenpromenade nach rechts bis zur Seebrücke **02**. Der Blick ist fantastisch, es gibt Liegestühle und einen Wasserspielbereich.

Zurück auf der Seepromenade halten wir uns links und erreichen schließlich das Nordende der Marina **03** mit schönem Blick über den Yachthafen. Nun wandern wir auf dem Graswarderweg an den 15 links stehenden Strandvillen 📷 vorbei zum NABU-Zentrum **04** und von dort weiter zum 14 m hohen Beobachtungsturm **05**. Südlich des Graswarderweges erstrecken sich ausgedehnte Salzwiesen.

Zurück auf gleichem Weg zum Nordende der Marina **03**. Hier wenden wir uns nach Süden und wandern an den Piers zur Linken und Parkplatz **06** zur Rechten zur Straße „Steinwarder". Wir queren diese und

Dein Moment für die Ewigkeit

Stativ

Wann braucht man eigentlich ein Stativ? Das hängt von der Belichtungsdauer ab. Als Kennwert sollte man sich die doppelte Brennweite merken. Das heißt bei einer Brennweite des Objektives von 50 mm sollte man eine Belichtung von 1/10 s nicht unterschreiten, sonst ist ein Stativ gefragt um gestochen scharfe Bilder zu bekommen. Will man absichtlich länger belichten wie bei diesem Bild, braucht man definitiv ein Stativ.

wandern am Südufer des Binnensees nach Westen. Zunächst weniger schön entlang eines Parkplatzes, dann am Wassersportzentrum vorbei und weiter an der Wasserlinie zu einem Wohnmobilstellplatz **07**.

Wir umrunden den Ostsee-Ferienpark Heiligenhafen auf seiner Südseite und folgen dem Weg nach Westen, bis wir den Strand erreichen. Hier stoßen wir auf den schönen Steilküstenweg **08**, ein schmaler Trampelpfad entlang der Steilküste, die hier der Erosion durch Wind und Wellen ausgesetzt ist. Große Findlinge, die von Gletschern hierher transportiert wurden, liegen aus dem Hang gespült am Strand.

Keine Schönheit, aber unübersehbar ist der Leuchtturm **09**. Der Steilküstenweg endet kurz darauf in einer Stichstraße, die links zum Ostseeufer führt. Ab hier folgen wir dem Strand zurück zum Ausgangspunkt, rechts von uns liegt nun ein kleiner Strandsee. Wir erreichen schließlich den mit Strandkörben übersäten Strand **10** und wechseln auf die Seebrückenpromenade.

Hinter dem Strand befindet sich in der Biegung die Aussichtsplattform „Mann im Sturm", hier lassen sich gut die Surfer und Kiter beobachten. Beim nächsten kleinen Strand kommen wir rechts wieder zum Parkplatz Steinwarder **01** zurück.

Die Halbinsel Stein- und Graswarder sind Nehrungssysteme, die stetig anwachsen und sich verändern. Dabei wird Material von der Steilküste und anderswo laufend Richtung Westen verfrachtet. So bilden sich immer neue Haken und kleine Lagunen.

3 Ein verwunschener Ort

Das „Flügger Feuer" ist nach Sonnenuntergang weit sichtbar im Belt zu sehen
– eine Besichtigung des Leuchtturms ist
lohnenswert und der Blick über das
Naturschutzgebiet Krummsteert/Sulsdorfer
Wiek weckt die Sehnsucht nach Freiheit.

Bilder von: **Daniel Rüsseler @dnl_rsslr**

Fehmarn – Flügger Watt

Tourencharakter
Zum Teil auf geteerten, aber wenig befahrenen Straßen.

Start und Ziel
Strandparkplatz Püttsee, 23769 Fehmarn.

Schwierigkeit: **leicht** - mittel - schwer
Dauer: **1:40 h**
Länge: **6,5 km**
Aufstieg **5 hm**
Abstieg **5 hm**

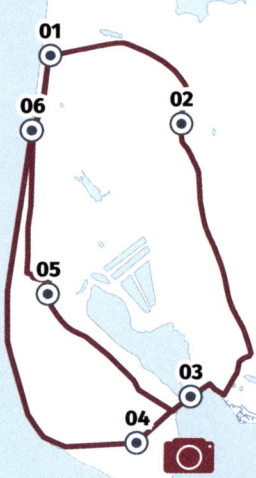

Höhenlinienmodell mit Streckenverlauf

Höhenprofil

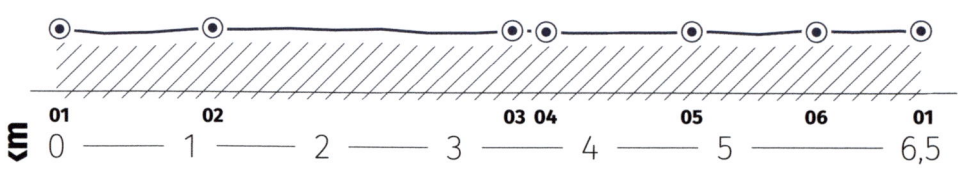

Auf Fehmarn gibt es fünf Leuchttürme – der Leuchtturm Flügge ist darunter der einzige, der zur Besichtigung von innen einlädt. Er steht im Naturschutzgebiet Krummsteert und bietet von seiner Aussichtsgalerie (162 Stufen führen hinauf) bei guter Fernsicht einen Blick über weite Teile Fehmarns bis hin nach Dänemark.

▶ Wir starten unsere Wanderung in der Südwestecke von Fehmarn am Strandparkplatz Püttsee **01**, wenden uns zunächst nach Osten und folgen der kaum befahrenen Straße, die uns zwischen Feldern hindurch in einem Bogen nach Püttsee **02** (Ferienwohnungen und Ferienhäuser) führt. Von dort geht es weiter zum Deich. Auf dem Deich wandern wir am Flügger Watt **03** entlang– der Leuchtturm gibt uns die Richtung vor. Links von uns liegt das Naturschutzgebiet Krummsteert-Sulsdorfer Wiek/Fehmarn. Es schützt den Nehrungshaken (Nehrungshalbinsel) Krummsteert (plattdeutsch für „krummer Schwanz"), der einem ständigen Veränderungsprozess unterliegt und daher nicht betreten werden darf. Brandungswellen tragen nordwestlich von Fehmarn Material ab, das die südwärts gerichtete Strömung an der Spitze des Krummsteerts anlandet. Dadurch wächst er stetig in die Orther Bucht hinein – in den letzten 50 Jahren rund 900 m. Zum Naturschutzgebiet gehören neben dem Nehrungshaken auch Salzwiesenbereiche, Brackwasserteiche sowie die eingedeichte (einstige) Meeresbucht Sulsdorfer Wiek.

Am Flügger Leuchtturm **04** 📷 haben wir die Möglichkeiten, das Aussichtsdeck zu besteigen und den Blick aus der Vogelperspektive auf die Südwestküste der Insel mit dem Krummsteert und dem Flügger Watt zu genießen. Ein Kaffeegarten lädt anschließend zur Pause ein. Vom Leuchtturm gehen wir

rund 400 m auf dem Deich zurück und biegen dann auf einen 1 km langen, autofreien Pfad ab, der entlang des Flügger Watts verläuft, vorbei an Schilfgürteln, Wasserflächen und Verlandungsgebieten. Vor dem Deichbau war das Flügger Watt eine offene Ostseebucht. Da das Wasser auf natürlichem Wege aber nicht mehr ablaufen kann, wird es mittels Pumpenstation und Entwässerungswindrad abgepumpt. Nach insgesamt 1,5 km ab dem Leuchtturm erreichen wir den Parkplatz beim Strandhof Flügge **05** (Ferienwohnungen). Wir wandern rechts vom Campingplatzgelände weiter nach Norden. Am Ende des Geländes zweigt nach links ein Stichweg zum Gedenkstein für Jimmy Hendrix **06** ab.

> Das Wichtigste im Leben finden wir nicht etwa durch intensive Suche, sondern so, wie man etwa eine Muschel am Strand findet. Im Grunde findet es uns.
>
> Jochen Mariss

Der Stein erinnert an das Love-and-Peace-Festival, das im September 1970 beim Leuchtturm stattgefunden hat und von rund 25.000 Besuchern besucht wurde. Jimmy Hendrix hatte hier 12 Tage vor seinem Tod seinen letzten Festival-Auftritt. Vom Gedenkstein sind es noch rund 500 m zum Strandparkplatz Püttsee **01**. Alternativer Rückweg ab dem Leuchtturm: Schön ist auch die Wanderung entlang des Strands oder auf den Dünen über den Trampelpfad.

Dein Moment für die Ewigkeit

Deine Blende

Die Blende beeinflusst, wie viel Licht durch das Objektiv fällt. Öffnest du die Blende (niedriger Wert), verkleinerst du auch den scharfen Bereich des Bildes. Mit einer entsprechenden Blendenöffnung schaffst du es, den Leuchtturm scharf einzufangen, während der unmittelbare Vordergrund verschwimmt.

4 Die wilde Steilküste im Osten

In dieser Region der Insel Fehmarn erwarten uns traumhafte Ausblicke – die Freiheit fühlen. Hier werden wir beeindruckt von einer aufregenden Steilküste und einer wildromantischen Natur.

Bilder von: **Daniel Rüsseler @dnl_rsslr**

Fehmarn – Entlang der Ost- und Südküste

Tourencharakter
Lange Wanderung, die eine gute Grundkondition verlangt. Unterwegs gibt es Einkehrmöglichkeiten und ab Burgtiefe die Möglichkeit, mit demBus zum Bahnhof in Burg auf Fehmarn zu fahren.

Start und Ziel
Fährbahnhof Puttgarden, 23769 Fehmarn.

Schwierigkeit: leicht - **mittel** - schwer
Dauer: **7:30 h**
Länge: **27,2 km**
Aufstieg **20 hm**
Abstieg **20 hm**

01
02
03
04
05
06
07
08
09
10
11
12

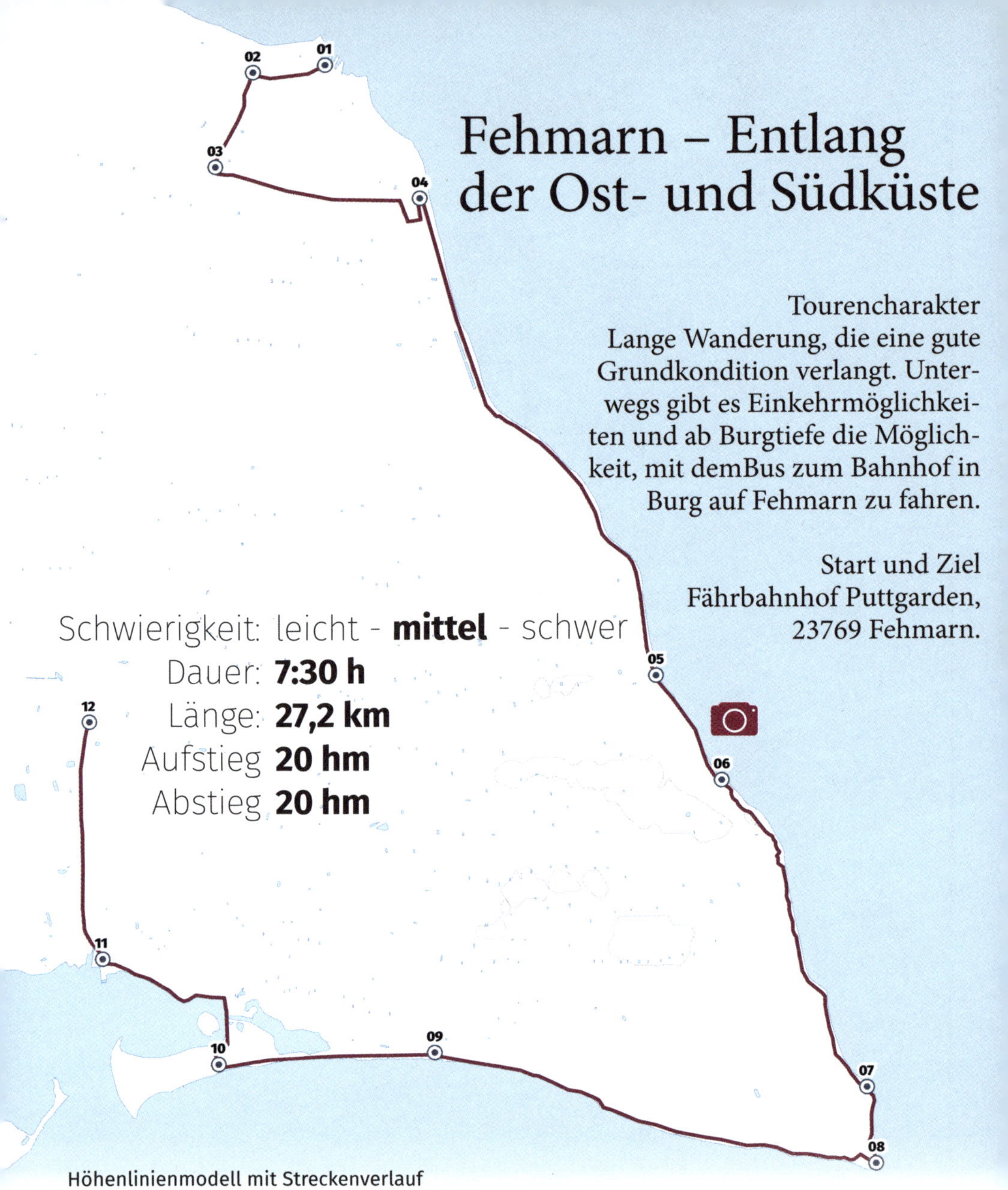

Höhenlinienmodell mit Streckenverlauf

Höhenprofil

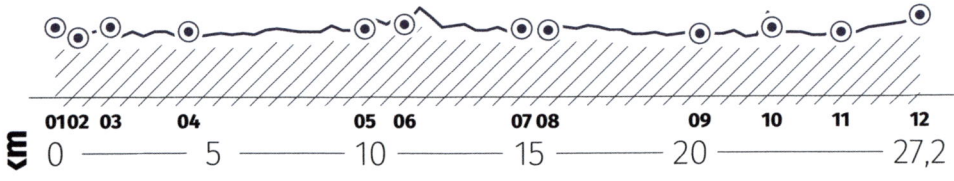

01 02 03 04 05 06 07 08 09 10 11 12
km
0 5 10 15 20 27,2

Fehmarn, die Sonneninsel! 2.200 Sonnenstunden und 20 Badestrände entlang der 78 km langen Küstenlinie sorgen auf der drittgrößten deutschen Insel für ganzjähriges Urlaubsfeeling an menschenleeren steinigen Naturstränden.

▶ Wir starten am Fährbahnhof Puttgarden **01** im großen Bogen über Puttgarden zur Ostsee bei Marienleuchte, um nach Westen das Fährgelände zu verlassen. Am Fuß der Treppe links queren wir den Parkplatz zur Straße „Zur Westmole"– dann links und rechts in den Kampenweg abbiegen (Großparkplatz).

Der Kampenweg stößt auf den Strandweg **02**, der weiter Richtung Süden nach Puttgarden führt wo er in die Fährhafenstraße/ Dorfstraße mündet. Am Ortsende zweigt der Marienleuchter Weg **03** nach links ab und führt bis Marienleuchte **04**. Da-

nach beginnt der landschaftlich schönste Teil entlang der 12 km langen steilen und steinigen Ostküste (Kliff) am Windpark vorbei bis zum Campingplatz Klausdorfer Strand **05** (kleiner Sandstrand). 600 m weiter erreichen wir nach dem Campingplatz Katharinenhof die Steilküste Katharinenhof **06** 📷 – die naturnaheste der Insel. Nach einer Fernmeldeeinrichtung geht es entlang der Steilküste Staberhuk **07** zur Südostspitze Fehmarns zum Leuchtturm Staberhuk **08** (1903), der die Schiffe sicher durch den Sund und den Belt leitet. Der Leuchtturm hat eine Besonderheit: Aus gelbem Sandstein erbaut, wurde er auf der dem Wetter ausgesetzten Westseite teilweise durch roten Backstein ersetzt. Massiv gebaut, sollte er nämlich die 2,5 m hohe gusseiserne Laterne des alten Leuchtturms Helgolands tragen. Oberhalb der Südküste geht es nach Westen, wo nach ca. 4 km diese allmählich breiter und flacher wird,

Das Meer ist meine Auszeit für die Seele

(www.kuestenglueck.com)

vorbei an einem Campingareal **09** nach Burgtiefe mit seinen drei Hochhäusern, erbaut vom Stararchitekten Arne Jacobsen (seit 2015 unter Denkmalschutz).

Auf der Südstrandpromenade biegen wir nach den Hochhäusern vor der Badewelt „FehMare" **10** nach Norden ab. An einem Parkplatz vorbei kommen wir zur Straße „Am Yachthafen", halten uns rechts und wandern am Ost-, dann am Nordufer des Burger Binnensees weiter bis nach Burgstaaken **11** und dem Hafen von Burg auf Fehmarn (U-Boot-Museum) sowie am Hafen entlang bis zu seinem Nordende. Wir queren den Parkplatz und gehen in ein Wäldchen, rechts liegt das Hotel Schützenhof. Wir queren den Menzelweg und wandern westlich der Wohnsiedlung auf einer stillgelegten Bahntrasse geradeaus nach Norden, bis der Weg auf den Landkirchener Weg trifft. Dort die Straße queren und schräg-rechts weiter in die Straße „Am Steinkamp" bis zum Bahnhof **12** von Burg auf Fehmarn – bis 2003 als Kleinstadt

selbstständig (Ortsteil Stadt Fehmarns). Burg auf Fehmarn ist das Zentrum der Insel (Mittelpunkt die 1230 errichtete St.-Nikolai-Kirche) – sehenswert der malerische Marktplatz, das Alte Rathaus und Bürgerhäuser mit Backsteinfassaden.

Dein Moment für die Ewigkeit

Kontrast statt Sättigung

Farbe in ein Motiv bringen, das auch in der Realität wenig Farbe besitzt ist keine gute Idee bei der Nachbearbeitung. Für einen stimmungsvollen Farbeffekt sorgt jedoch der Sonnenunergang, der den Himmel zart rosa färbt. Versuche mit dem Kontrast zu arbeiten und zu verstärken.

5 Bizarres Naturparadies

Vom Eldorado der Strandpiraten zum Rückzugsort der Uferschwalben. Mit einer Länge von rund vier Kilometern ist das Brodtener Steilufer ein wunderschönes Ausflugsziel für alle naturliebenden Menschen.

Bilder von: **Gregor Essi @greg.0.r**

Brodtener Steilufer

Tourencharakter
Leichte Wanderung auf dem Steiluferweg bis zur Bushaltestelle Niendorf, zurück am Wasser über Sand und Steine, dadurch deutlich anstrengender als der Hinweg. Sperrungen im Winterhalbjahr unbedingt respektieren (Erdrutsche und Abbrüche)

Start und Ziel
Travemünde, Parkplatz Fährvorplatz und Haltestelle „Lübeck-Travemünde Priwallfähre", Auf dem Baggersand 1, 23570 Lübeck/Travemünde.

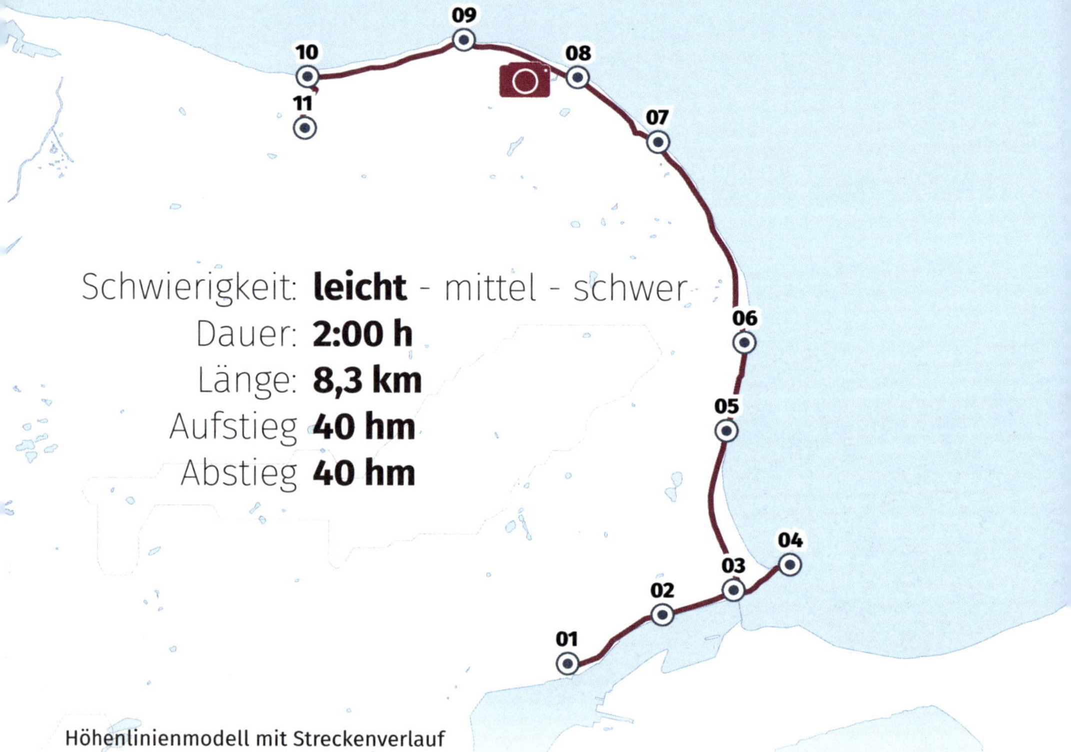

Schwierigkeit: **leicht** - mittel - schwer
Dauer: **2:00 h**
Länge: **8,3 km**
Aufstieg **40 hm**
Abstieg **40 hm**

Höhenlinienmodell mit Streckenverlauf

Höhenprofil

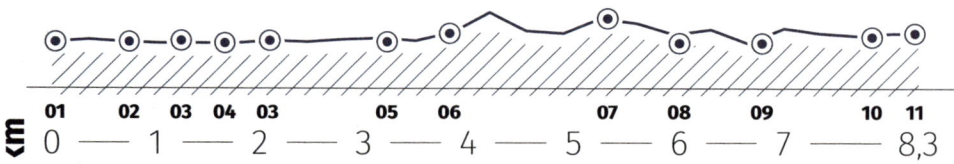

Die Freiheit ist wie das Meer: Die einzelnen Wogen vermögen nicht viel, aber die Kraft der Brandung ist unwiderstehlich.

Václav Havel

Eine Tour zum wilden Brodtener Steilufer (Uferschwalben) mit bis zu 20 m hohen Wänden, spektakulären Ausblicken auf den von der Erosion geprägtem Strand und einem weiten Blick über die Lübecker Bucht.

▶ Wir starten in Travemünde (Stadtteil von Lübeck) am Parkplatz oder der Bushaltestelle **01** unweit des Fähranlegers Priwall. Nach dem Fähranleger geht es am Ufer entlang nach Osten, vorbei am Kreuzfahrtterminal Travemünde zum Lübecker Yachthafen **02**, auf der Travepromenade und am Leuchtturm vorbei zur Lotsenstation **03** und zum Strand. Ein kurzer Abstecher zur Nordermole **04** (Ostseefähren – Finnland,

Südschweden oder Lettland) sollte eingeplant werden. Wir biegen vor der Lotsenstation **03** nach Norden ab, am Sandstrand entlang zur hölzernen Seebrücke **05** und folgen weiter der Uferpromenade bis zum Lübecker Yacht-Club, wo am Ende beim Weg links der Aufstieg zum Hochufer **06** beginnt. Wer auf dem Hinweg am Wasser entlanglaufen will, muss hier weiter dem Strand folgen – 3 km bis zur ersten Treppe **09**, die zum Steiluferweg hinaufführt.

Der Steiluferweg führt hingegen durch einen kleinen Laubwald, entfernt von der Ostsee zwischen Golfplatz (links) und der Steilküste (rechts) in Richtung Norden mit

Blick hinunter zum Naturstrand. Zu einer Pause lädt der Aussichtspunkt Hermannshöhe **07** ein – in der Nähe befindet sich ein Ausflugscafé. Vom Steiluferweg, mal nahe an der Abbruchkante oder zurückversetzt zwischen Bäumen, kann man an zwei Abzweigungen **08** nach Brodten wandern (Bushaltestelle, 0,7 km) **⬤**. Nach einer Linksbiegung erreichen wir das Jugendhaus „Seeblick" am Steilufer, kurz vorm nördlichsten Punkt. Über eine Holztreppe **09** geht es hinunter zum Strand. Bis hierher sind wir nun 6 km (3 km ab dem Yachthafen) gewandert. Für die Rückkehr mit dem Bus folgen wir für 1 km der Steilküste zum Ortseingang von Niendorf **10** und biegen beim ersten Haus links in die Steiluferallee **11** ab und weiter durch das Klinikgelände zur Travemünder Landstraße. Dort links und nochmals links befindet sich in der Brodtener Straße die Bushaltestelle „Niendorf/Brodtener Straße", wo wir zurück nach Travemünde **01** fahren können.

Variante am Strand entlang (8,5 km): Auch der Rückweg (doppelte Strecke), ist sehr reizvoll – die Steilküste aus ganz anderer Perspektive – der Strandweg führt über herabgestürzte Bäume und freigespülte Steine. Vom Wasser aus hat man den Blick auf die Uferschwalben, die unter dem Klippenrand brüten. Der mit Seegras, funkelnden Steinen und Treibgut bedeckte Strand ist ein Eldorado für Schatzsucher (Feuersteine, Donnerkeile, Fossilien).

Aber Achtung! Die Wanderung entlang des Naturstrandes ist anstrengend, rund 1 ½ Stunden sollte man für die 4 km zwischen der Treppe an der Nordspitze und dem Abzweig zum Steiluferweg **06** einkalkulieren.

Dein Moment für die Ewigkeit

Fotografieren mit Gegenlicht...

... das ist Fluch und Segen in einem. Gegenlicht lässt Haare in Gold erstrahlen oder so wie hier das Wasser sanft leuchten. Es besteht die Gefahr von Blendenflecken, Über- und Unterbelichtung. Gerade bei solchen Aufnahmen solltest du das Bild sofort nach der Aufnahme auf diese Faktoren hin kontrollieren.

6 Große und kleine Entdeckungen in der Region rund um den Klützer Winkel.

Vom belebten Ostseeheilbad Boltenhagen können wir unzählige Naturschätze des Klützer Winkels erleben und in Klütz, dem Zentrum, das beeindruckende Schloss Bothmer besichtigen.

Bilder von**:** Jan Zuch @say_visuell.mp4

Durch den Klützer Winkel

Tourencharakter
Abwechslungsreiche Rundwanderung. An der Steilküste unbedingt wegen möglicher Abbrüche aufpassen und die Warnschilder beachten.

Start und Ziel
Tourist-Information Ostseebad Boltenhagen (Bushaltestelle „Boltenhagen, Am Kurpark“), Ostseeallee 4, 23946 Ostseebad Boltenhagen.

01
02
03
04
05
06
07
08
09
10
11
12
13
14
15

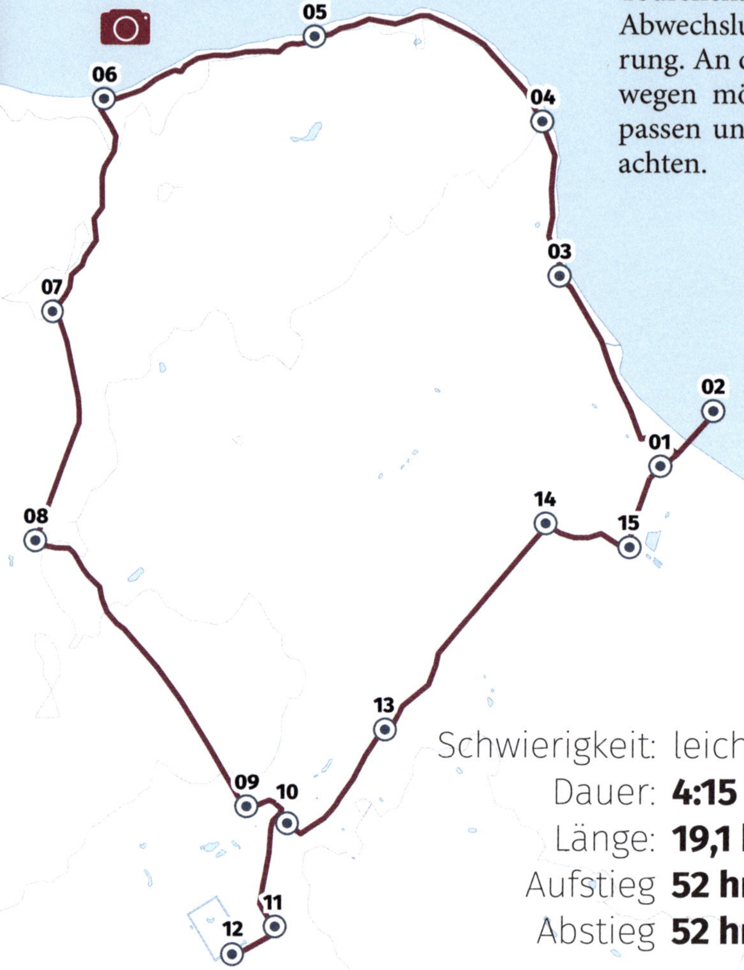

Schwierigkeit: leicht - **mittel** - schwer
Dauer: **4:15 h**
Länge: **19,1 km**
Aufstieg **52 hm**
Abstieg **52 hm**

Höhenlinienmodell mit Streckenverlauf

Höhenprofil

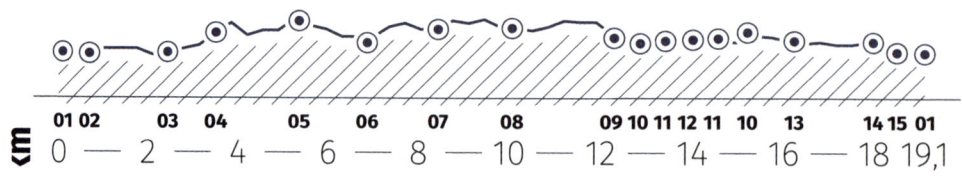

01 02 03 04 05 06 07 08 09 10 11 12 11 10 13 14 15 01
km
0 — 2 — 4 — 6 — 8 — 10 — 12 — 14 — 16 — 18 19,1

Wie anziehend, wie fesselnd sind doch Meer und Strand!
Wie verliert man sich in ihrer Einfachheit, ja, in ihrer Leere!

Walt Whitman, US-amerikanischer Dichter (1819–1892)

Auf der Wanderung im Klützer Winkel erlebt man den Wechsel vom flachen Sandstrand zur eindrucksvollen Steilküste. Dort wo sich alte Backsteinkirchen inmitten grüner Wiesen und Felder mit Blick zur Ostsee abheben, tickt die Zeit abseits des Trubels der Städte noch ganz anders.

▶ Start ist bei der Tourist-Info Ostseebad Boltenhagen **01**, wir queren die Ostseeallee, und gehen durch den Kurpark zum Strand. Sehenswert die Seebrücke Boltenhagen **02**, die 1992 fertiggestellt wurde und 290 m in die Ostsee ragt. Wir wandern nach Norden entweder auf dem Dünenweg oder am Strand. Der Dünenweg quert den Klützer Bach und macht nach etwa 400 m eine Biegung nach links. An der folgenden Kreuzung halten wir uns rechts in den Haubenweg, dann rechts in den Pfad zum Steiluferweg **03**, ein aussichtsreicher schmaler Pfad am Rand der Felder und der Steilküste Boltenhagen **04**. Wir folgen der Küste und gelangen auf Höhe der Radarstation Redewisch zum nächsten Aussichtspunkt **05**. Wir gehen noch knapp 1 km entlang der Steilküste, die allmählich an Höhe verliert, erreichen den Naturstrand Steinbeck **06** 📷 und verlassen die Küste nach Süden zu einer kleinen Ansammlung von Häusern. Der Dorfstraße folgend nach rechts und zwischen Felder bei einer Weggabelung **07**

besteht die Möglichkeit zum Abstecher nach rechts zum Steinbecker Hofladen. Danach links kurz auf die Dorfstraße und rechts haltend einem Weg nach nach Grundshagen **08** folgen. Hier an der T-Kreuzung nach links und weiter dem Verlauf der Dorfstraße von Grundshagen ortsauswärts folgen, parallel zur Landstraße nach Südosten.

In Klütz der Lübecker Straße folgen und an der Kreuzung Rudolf-Breitscheid-Straße **09** links erreichen wir den Markt **10**, dann rechts und links kommen wir zur Kirche St. Marien. Die Backsteinkirche mit ihrem weithin sichtbaren Turm und die dreischiffige Halle entstanden im Übergang von Spätromanik zur Backsteingotik. Zurück am Markt folgen wir links der Schloßstraße stadtauswärts. 200 m nach dem Parkplatz geht die Straße „Am Park" **11** rechts ab, die zum Schloss Bothmer **12** führt. Das imposante mehrflügelige Schloss wurde bis 1732 für Hans Caspar von Bothmer erbaut und ist die größte erhaltene Barockanlage in Mecklenburg-Vorpommern. Bei der Kirche befindet sich die Bushaltestelle „Klütz Kirche" in der Wismarsche Straße für jene, die zurück nach Boltenhagen fahren wollen. Nach der Bushaltestelle links in die Boltenhagener Straße bis zum Kreisverkehr **13**. Vor dem Kreisel links auf dem Radweg nach Wichmannsdorf. Am Ortsende von Wichmannsdorf bzw. Ortsanfang von Boltenhagen nach der Bushaltestelle rechts in die Friedrich-Engels-Straße **14** und rechts ab in den Fasanenweg und diesem bis zum Weidenstieg am Rand der Wohnsiedlung zur Ostseeallee **01** folgen.

Dein Moment für die Ewigkeit

Der richtige Ort…

… und die richtige Zeit. Das sind mit Sicherheit zwei Faktoren die beinflussen, wie gut deine Fotos werden. Dramatische Sonnenaufgänge und -untergänge verlangen aber auch ein gutes Timing. Auf diesem Bild wurde die magische Stimmung, wenige Sekunden bevor die Sonne ganz verschwindet, perfekt eingefangen,

7 Hier ticken die Uhren anders

Auf der Insel Poel begegnen uns viele steinerne Zeugen der Vergangenheit: Alte Gutshäuser, Alleen mit Kopfsteinpflaster und die alte Schloss-wallanlage, alte Leuchttürme, alte Schulhäuser, Museen und die Inselkirche.

Bilder von: Jan Zuch @say_visuell.mp4

Ostseeinsel Poel, Timmendorfer Strand und Lübecker Bucht

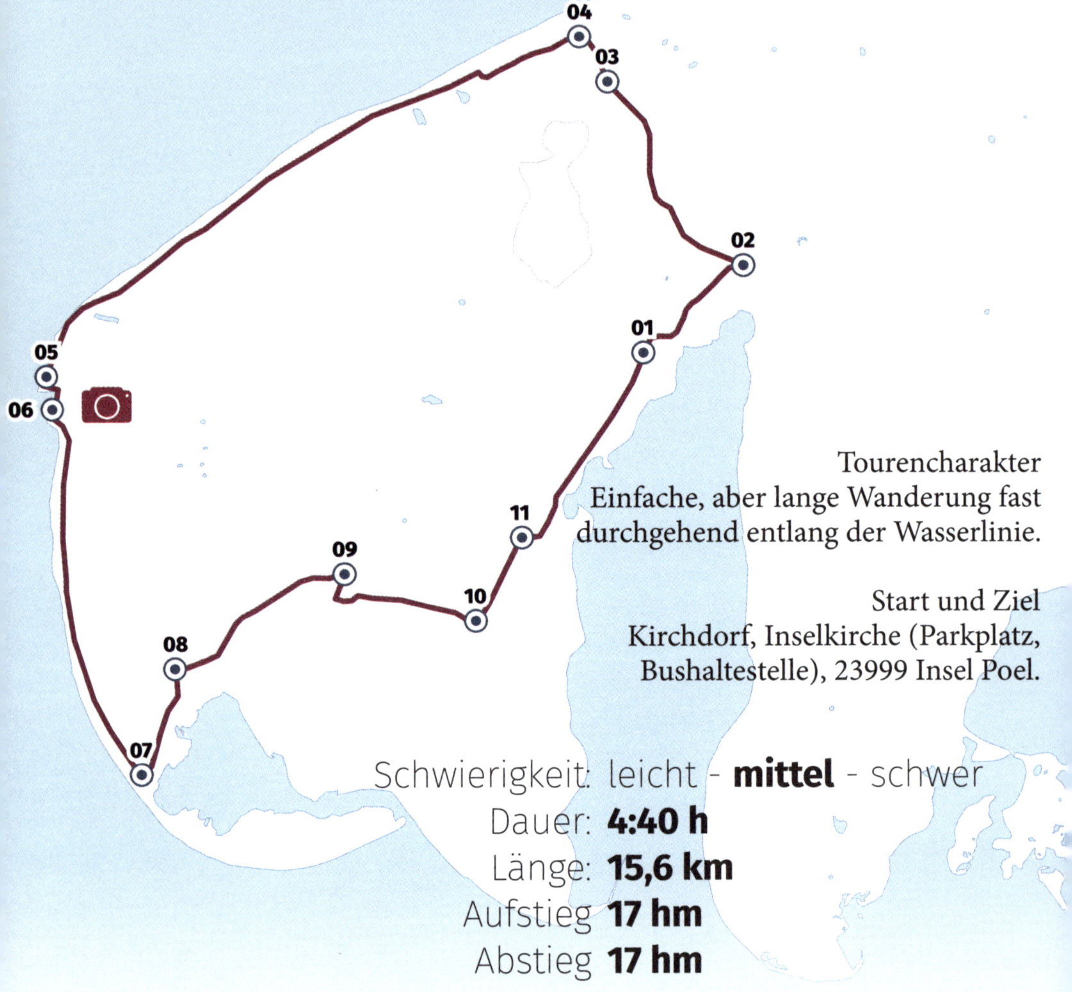

04

03

02

01

05

06

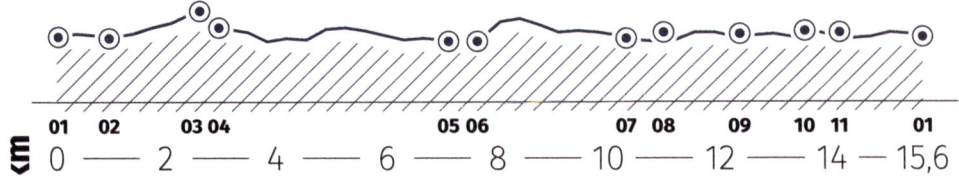

11

09

10

08

07

Tourencharakter
Einfache, aber lange Wanderung fast durchgehend entlang der Wasserlinie.

Start und Ziel
Kirchdorf, Inselkirche (Parkplatz, Bushaltestelle), 23999 Insel Poel.

Schwierigkeit: leicht - **mittel** - schwer
Dauer: **4:40 h**
Länge: **15,6 km**
Aufstieg **17 hm**
Abstieg **17 hm**

Höhenlinienmodell mit Streckenverlauf

Höhenprofil

01	02	03 04		05 06		07 08	09	10 11	01

km
0 — 2 — 4 — 6 — 8 — 10 — 12 — 14 — 15,6

Unser Wissen ist eine kleine Insel, in einem großen Ozean des Unwissens.

Isaac Bashevis Singer, polnisch-US-amerikanischer Schriftsteller (1902–1991)

Insel Poel, die achtgrößte Insel, liegt nördlich der Hansestadt Wismar und ist über eine Brücke mit dem Festland verbunden. Über Fährdorf und Niendorf gelangt man zum Kirchsee und nach Kirchdorf, dem Hauptort.

▶ Wir starten in Kirchdorf am Parkplatz **01** hinter der Kirche unweit des Hafens am Kirchsee, ein geschützter Meeresarm der Wismarer Bucht. Wir folgen der Wismarsche Straße nach Norden, folgen dem Möwenweg zum Museum Poel, das über die regionale Geschichte der Insel informiert. Wir erreichen die Kreuzung **02** und gehen links in die Wismarsche Straße. Weiter über die Strandstraße, beim Sportplatz vorbei erreichen wir die letz-

ten Häuser von Kirchdorf und wandern durch eine Allee zwischen Feldern entlang. Auf der Höhe (Häuser) nach einer Grünanlage können wir einen Abstecher zur Gedenkstätte Cap Arkona **03** machen. Sie erinnert an das Schiffsunglück im Zweiten Weltkrieg, bei dem ein mit KZ-Häftlingen besetztes, ankerndes Schiff von britischen Bombern angegriffen wurde.

Wir folgen weiter der Straße und erreichen schließlich den Nordstrand **04**, halten uns links und wandern entweder auf der Promenade oder direkt am Strand die Nordküste entlang. Wir erreichen die Häuser von Timmendorf-Strand, wo der Sandstrand immer

breiter wird. An der Nordmole des Hafenbeckens 05 halten wir uns links und umrunden den Hafen mit seinen Fischerbooten, schnittigen Sportschiffen und Jachten. Auf der Ostseite des Hafens erhebt sich der 21 m hohe Leuchtturm 06 📷 der Insel, der seit 1871 in Betrieb ist und vor 60 Jahren aufgestockt wurde. Am südöstlichen Ende des Hafens führt die Straße Nah'n Kliff zum Kliff auf die Westseite der Insel. Zwischen Feldern und einem Waldstreifen in sicherer Entfernung verläuft der Weg vom Kliffrand nach Süden, Stichwege bieten tolle Ausblicke auf die Ostsee. Auf eigene Gefahr kann man natürlich auch am Strand entlang wandern. Wir erreichen den südlichsten Punkt der Wanderung 07 und wenden uns beim Parkplatz rechts in das Naturschutzgebiet Fauler See/Ristwerder (gesperrt!). Der Faule See ist

ein Strandsee. Durch die Strömung wurde hier ein Sandhaken angeschwemmt, der den See bis auf einen kleinen Durchlass am Brandenhuser Beek von der Ostsee trennt. Entlang des Westufers des Brackwassersees nach Norden, biegen wir bei den Häusern 08 von Hinter Wangern rechts in die Straße „Hinter Wangern" ein. An drei Höfen vorbei erreichen wir 400 m später eine Kreuzung, halten uns rechts 09 und folgen der Straße zwischen den Feldern nach Weitendorf-Hof 10.

Am Ortseingang links folgen wir dem Lauf der Hauptstraße nach Weitendorf 11. Ab hier sind es noch 1,5 km bis zur im romanisch-gotischen Stil erbauten Dorfkirche 01 am Südende von Kirchdorf mit ihrem 47 m hohen Turm – eine Landmarke der Insel.

Dein Moment für die Ewigkeit

Geplantes Motiv

Der Leuchtturm und die Einrahmung durch das Gras und den Zweig sind hier geplant in Szene gesetzte Motive. Genau diese Planung unterscheidet dein Bild von einem Schnappschuss, halte jedoch ein Auge offen für spontane Änderungen oder Additionen. Kleine, zufällige Details können dein Bild bereichern.

8 Romantisches Flair

Die „Kühlung" – eine romantische, dicht bewaldete Hügelland-
schaft, die zur Entstehung vieler Sagen und Legenden führte – eine
durch die letzte Eiszeit geformte Landschaft mit Bächen, kleinen
Tümpeln, Tälern, tiefen Schluchten und Höhenzügen bis 128 m.

Bilder von: Jan Zuch @say_visuell.mp4

Diedrichshagener Berg und Leuchtturm Buk

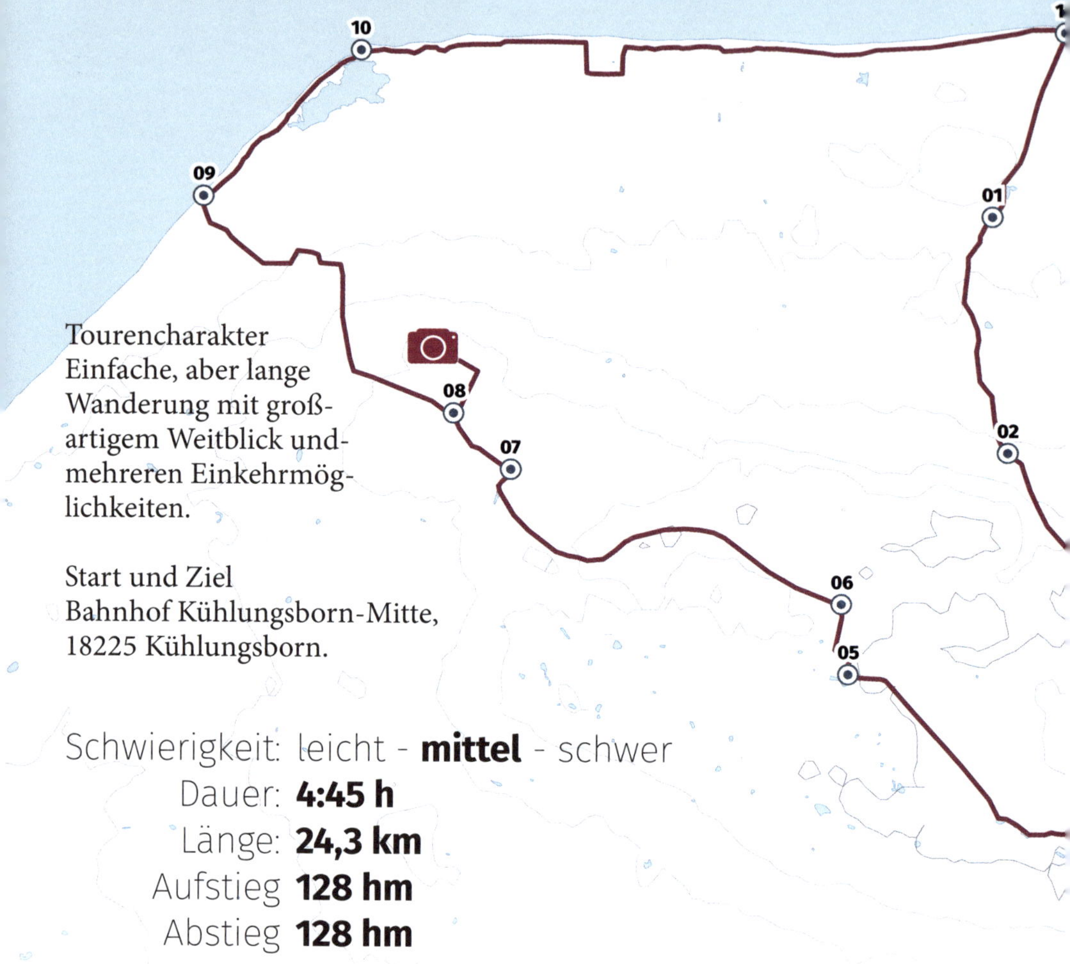

Tourencharakter
Einfache, aber lange
Wanderung mit groß-
artigem Weitblick und-
mehreren Einkehrmög-
lichkeiten.

Start und Ziel
Bahnhof Kühlungsborn-Mitte,
18225 Kühlungsborn.

Schwierigkeit: leicht - **mittel** - schwer
Dauer: **4:45 h**
Länge: **24,3 km**
Aufstieg **128 hm**
Abstieg **128 hm**

Höhenlinienmodell mit Streckenverlauf

Höhenprofil

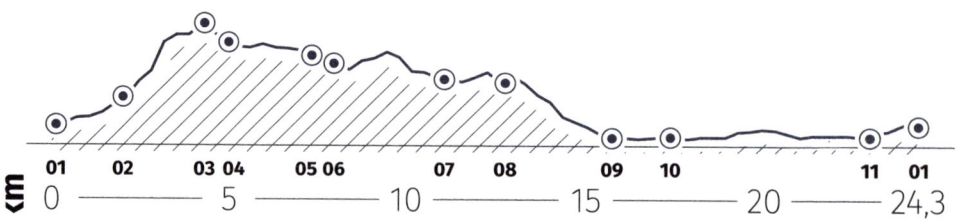

Dem Meer ist es egal, wer Du bist oder was Du hast. Es wird immer für Dich da sein, wenn Du es brauchst.

www.kuestenglueck.com

Die Kühlung ist ein teils bewaldeter Höhenzug zwischen der Steilküste von Rerik und Hanstorf. Der Riedensee, ein durch einen Strandwall abgetrennter Süßwassersee, wird von vielen Vögeln als Brutplatz genutzt. Ganzjährig lassen sich hier Enten, Gänse, Kormorane, Lachmöwen u.v.m. beobachten – im Frühjahr und Herbst zahlreiche Zugvögel.

▶ Wir verlassen beim Bahnhof Kühlungsborn-Mitte **01** die Stadt Richtung Südwesten und wandern über die Schloßstraße Richtung Kröpelin, bei den letzten Häusern biegen wir rechts in den Buttweg **02**. Langsam steigt der Weg zum höchsten Punkt der

Kühlung, dem 130 m hohen Diedrichshagener Berg **03** – herrliche Aussicht! Weiter geht es über den Buttweg bis zum Ortseingang Diedrichshagen **04**. Beim nächsten Weg rechts treffen wir kurz darauf auf den Landweg, der uns Richtung Wichmannsdorf führt. Nach Umrundung des Parks von Schloss Wichmannsdorf **05** (Privatbesitz, Ferienwohnungen) biegen wir rechts in die Straße „Am Anger", wandern zur Schloßstraße und halten uns links. An der nächsten Kreuzung verlassen wir den Ort über die Straße „Zur Ostsee" Richtung Kühlung, und kommen nach ca. 1 km zum Aussichtsturm Wichmannsdorf. Unser Blick schweift links zum Bastorfer Holm und rechts zur Kühlung mit dem 110 m hohen Zimmerberg. Wir bleiben auf dem Weg bis zur nächsten Weggabelung **06**, halten uns links und wandern durch den Wald zu einer Y-Kreuzung, biegen rechts ab, verlassen kurz danach den Wald und stoßen auf die Straße Bastorfer Landweg. Links abbiegend, zwischen den Feldern, erreichen wir den Ort Bastorf **07**, folgen der Hauptstraße und biegen rechts in die Straße „Zum Leuchtturm" und weiter zum Parkplatz **08**.

Ein Abstecher zum Leuchtturm Buk  sollte auf jeden Fall eingeplant werden, einkehren kann man im Restaurant „Valentins am Bastorfer Leuchtturm". Das Wahrzeichen der Ostseegemeinde Bastorf wurde vor über 100 Jahren erbaut. Mit einer Höhe von 21 m Höhe zählt er eher zu den kleineren Leuchttürmen, ist aber durch seine topo-

grafische Lage oberhalb vom Kap Bukspitze, bezogen auf den Meeresspiegel der höchste Leuchtturm Deutschlands - auf dem 79 m hohen Signalberg – ganzjährig geöffnet, meist in der Zeit von 11 bis 16 Uhr, in den Sommermonaten bis 17 Uhr (www.leuchtturm-bastorf.de). Zurück am Parkplatz **08** queren wir diesen, nehmen am Wanderweg nach Kägsdorf die nächste Kreuzung rechts, folgen der Dorfstraße bis zum „Imbiss zur Scheune" und dann rechts ab in den Weg „Zum Strande" durch die Felder zum Strandparkplatz Kägsdorf **09**. Nach rechts, erreichen wir die Aussichtsplattformen Riedensee II und Riedensee I. Ab der Bukspitze **10** (Aussichtspunkt) geht es Richtung Osten nach Kühlungsborn, über die Strandpromenade zur Seebrücke **11** und auf der Strandstraße zurück zum Ausgangspunkt **01**.

Dein Moment für die Ewigkeit

Bokeh-Effekt

Bokeh leitet sich aus dem Japanischen ab und kann mit „unscharf " oder „Nebel" übersetzt werden. Damit wird der Effekt des zu ästethisch-verschwommenen Vorder- oder Hintergrundes bezeichnet. Um wie hier den Vordergrund verschwimmen zu lassen, solltest du die Blende öffnen und die Distanz von Linse zu Vordergrund verringern.

Trollegrund

77

9 Gespenster im Wald?

Eigentlich heißt er Nienhagener Wald. Gerade bei schlechtem Wetter oder bei Dämmerung lassen die bizarren Waldformationen schnell erkennen, wie es zu dem Beinamen kam.

Bilder von:
Bernd Meissner @bernimeissner

Küstenwanderweg Stoltera und Nienhagener Gespensterwald

Tourencharakter
Entlang des Küstenwanderwegs Stoltera von Warnemünde nach Nienhagen. Lange, aber einfache Wanderung auf gut markierten Wegen.

Start und Ziel
Start ist beim Bahnhof Warnemünde. Das Ziel ist die Bushaltestelle „Nienhagen-West".

Schwierigkeit: leicht - **mittel** - schwer
Dauer: **3:30 h**
Länge: **12,7 km**
Aufstieg **22 hm**
Abstieg **26 hm**

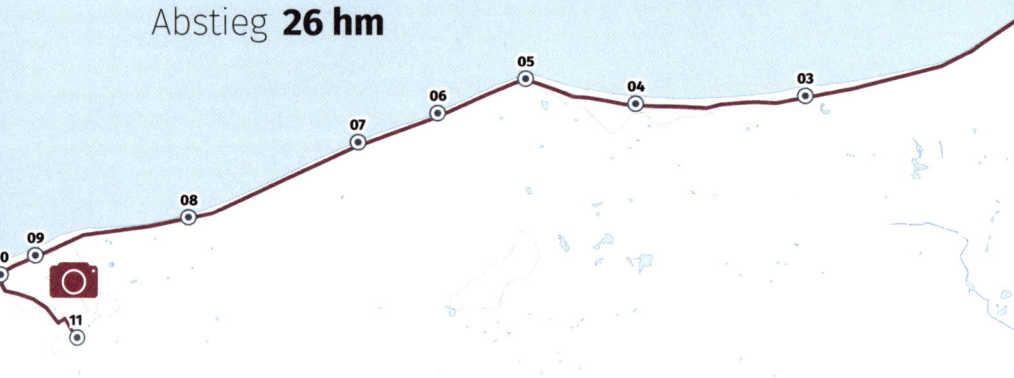

Höhenlinienmodell mit Streckenverlauf

Höhenprofil

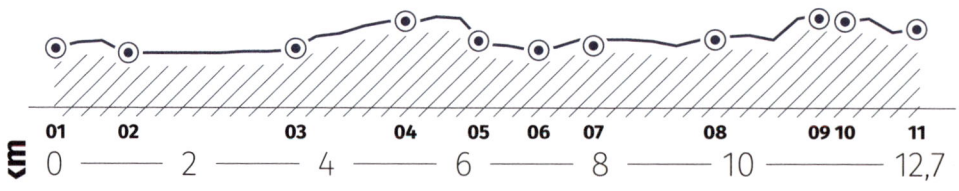

Das Seebad Warnemünde ist ein Ortsteil von Rostock – hier mündet die Warnow in die Ostsee. Bis 1821, als man den Badebetrieb aufnahm, war Warnemünde ein kleiner Hafen- und Fischerort. Der 150 m breite (und 3 km lange) Sandstrand zählt zu den breitesten entlang der Ostsee. Das Seebad hat einen liebenswerten Ortskern mit schmalen Gassen und hübschen Häusern. Der 3 km lange Küstenabschnitt Stoltera westlich von Warnemünde begeistert mit einem steilen, bis zu 20 m hohen Kliff. Der auf ihm stehende Küstenwald besteht aus Rot- und Hainbuchen, Stiel- und Roteichen, Birken sowie Edelkastanien. In den Steilhängen brüten Uferschwalben. Ziel der Wanderung ist der berühmte Gespensterwald von Nienhagen – hier prägen von steten Ostseewinden und Stürmen bizarr geformte Buchen den Steilküstenabschnitt.

▶ Wir starten am Bahnhof Warnemünde **01**, halten uns auf dem Vorplatz links und überqueren auf der Bahnhofsbrücke den Alten Strom. Auf der Drehbrücke sollte man sich Zeit nehmen, dem Treiben auf dem Wasser zuzusehen. Nach der Brücke halten wir uns rechts und befinden uns auf der Flaniermeile Warnemündes, die auf der Westseite des Alten Stroms verläuft. Der Weg Richtung Westmole und Leuchtturm wird gesäumt von liebevoll renovierten Kapitänshäusern, in denen heute allerdings keine Kapitäne mehr wohnen. Stattdessen wurden sie mit Geschäften und Gaststätten zu neuem Leben erweckt. Unterwegs lassen sich entspannt ein- und auslaufende Fischkutter, Ausflugsschiffe und stolze Jachten beobachten. Wir erreichen den Strand und blicken rechts von uns auf die 4 m hohe vergoldete Statue Esperanza, die seit 2012 die Mittelmole schmückt. Wir kommen zur Westmole **02** – der Bummel zur ihrer Spitze gehört zu einem Besuch des Ostseebades Warnemünde einfach dazu. 541 m ragt die Mole ins Fahrwasser hinein und wurde in

erster Linie als Schutz und Wellenbrecher gebaut. Vor allem bei Schlechtwetter wird hier den mit großer Kraft anbrandenden Ostseewellen die Energie genommen. Am äußersten Ende der Mole steht eine 12 m hohe Leuchtbarke, die die Einfahrt in den Hafen von Rostock erleichtert. Von hier aus hat man auch einen schönen Blick auf die Steilküste von Stoltera.

Zurück am Strand schauen wir auf zwei Wahrzeichen des Badeortes: Den 37 m hohen Leuchtturm (Aufstieg zur Plattform) und den Teepott Warnemünde mit mehreren Gastronomiebetrieben. Wir folgen nun der Wasserlinie und stellen fest, dass der Sandstrand zunehmend schmaler wird. Alternativ kann man auch der Seepromenade folgen, die direkt hinter den Dünen verläuft

(mit einem 2 km langen Planetenweg). Wir erreichen das westliche Ortsende von Warnemünde, wo der Küstenwald **03** und das 3 km lange Naturschutzgebiet Stoltera beginnen. Das Naturschutzgebiet schützt das mit Küstenwald bestandene Kliff und die angrenzenden Strand- und Flachwasserbereiche. Wir wechseln nun auf den Weg im Wald und folgen diesem bis zur Gaststätte Wilhelmshöhe **04** mit schöner Terrasse. Kurze Zeit später ist das Kap Stoltera/Kap Geinitzort **05** erreicht.

Wir wandern weiter nach Westen und erreichen eine Weggabelung **06**, an der ein Stichweg hinunter zum Strand Elmenhorst führt. Wir bleiben aber weiter auf der Höhe und erreichen eine weitere Treppe **07** hinunter zum Wasser. Bei einem überdachten

Dein Moment für die Ewigkeit

Es rauscht im Wald

Mit dem ISO-Wert stellst du oder der Automatikmodus die Lichtempfindlichkeit des Sensors ein. Je höher der Wert ist umso weniger Licht wird benötigt und umso heller wird ein Foto. Der Nachteil, es erhöht sich auch das „Rauschen" des Bildes mit einem höheren Wert. Teste verschiedene Werte und finde den maximalen Wert.

Sitzplatz 08 mit Treppe zum Strand haben wir die Steilküste Nienhagen erreicht. Wir verlassen schließlich den Küstenwald; der Weg führt über eine offene Wiese zum Strand von Nienhagen. Hinter dem Strand beginnt der berühmte Gespensterwald 09 ○, ein 100 m breiter und 1,3 km langer Buchenmischwald Er verdankt seinen Namen den bizarren, durch Ostseewind und Winterstürme geformten Bäumen, die dem Wald je nach Wetterlage und Jahreszeit einen gespenstischen oder märchenhaft anmutenden Charakter verleihen. Neben Buchen wachsen hier Eichen, Hainbuchen und Eschen – die Bäume erreichen ein stolzes Alter zwischen 90 und 170 Jahren.

Mit ihren Wurzeln ragen sie teilweise über die Kliffkante der Ostseesteilküste hinaus. Wegen ihrer vor dem Wind „fliehenden"

Kronen werden die Bäume auch Windflüchter genannt. An einer Weggabelung  kurz vor dem Ende des Gespensterwaldes wenden wir uns nach Süden und wandern an einem Parkplatz vorbei zum Ortseingang von Nienhagen. Dort wo die Waldstraße auf die Doberaner Straße trifft halten wir uns links zur Bushaltestelle „Nienhagen West" 11 gegenüber vom Parkplatz „Am Gespensterwald". Variante zurück entlang

der Ostsee: Um die traumhafte Steilküste in all ihren Facetten zu erleben empfiehlt sich der Rückweg entlang des Wassers – bis zum Bahnhof Warnemünde sind es knapp 11 km (2 ½ Std.). Am Ortseingang von Warnemünde kann man jedoch von der Bushaltestelle „Rostock-Warnemünde Strand" (Parkstraße beim Parkplatz „Strand Mitte") zum Bahnhof fahren und spart sich so 2,5 km Wegstrecke.

10 Mischklima aus Seeluft plus Waldluft

Der größte zusammenhängende Küstenwald der Region bietet ein ursprüngliches Naturerlebnis.

Bilder von: **Simeon Kraeft @simeonkraeft**

Rostocker Heide

Tourencharakter
Einfache, aber lange Wanderung am Strand entlang und auf Forstwegen.

Start und Ziel
Ortsteil Hohe Düne, Parkplatz „An der See",
18119 Warnmünde.

Schwierigkeit: leicht - **mittel** - schwer
Dauer: **5:30 h**
Länge: **19,4 km**
Aufstieg **22 hm**
Abstieg **22 hm**

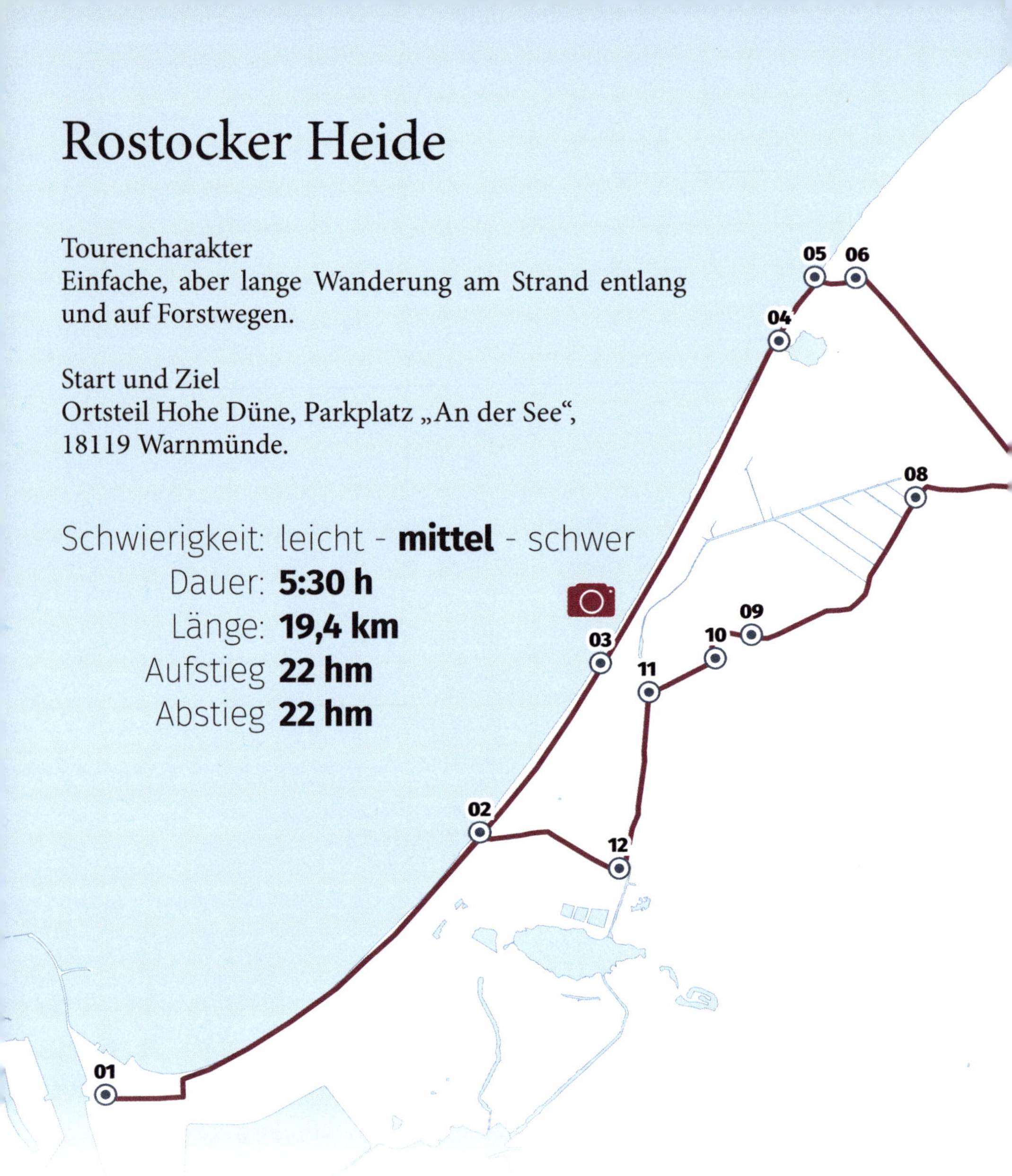

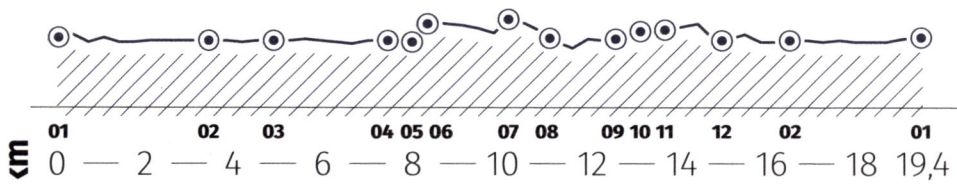

Höhenlinienmodell mit Streckenverlauf

Höhenprofil

Die Wanderung führt zunächst am Strand entlang durch weichen Sand und anschließend in die Rostocker Heide. In dem Wald- und Heidegebiet stehen zur Hälfte Nadelbäume, außerdem Buchen, Eichen und Birken. Das Naturschutzgebiet Radelsee, das sich unmittelbar südöstlich von Markgrafenheide erstreckt, umfasst neben dem See auch Moore, Wiesen und Wälder. Gegründet wurde es zum Schutz eines der letzten intakten Küstenüberflutungsmoore in Mecklenburg sowie auch das Naturschutzgebiet „Heiligensee und Hütelmoor".

▶ Vom Parkplatz **01** gehen wir zum Strand, halten uns rechts und wandern an den Buh-

nen vorbei, die die Küste bei starker Brandung vor Erosion schützen. Nach rund 3,5 km ist Markgrafenheide **02** erreicht. Nach den letzten Häusern betreten wir das rechts liegende Naturschutzgebiet „Heiligensee und Hütelmoor" **03** 📷. Auf Höhe der Strandoase beeindrucken die vom Wind der Ostsee gebeugten Bäume. Wer auf die Dünen klettert, entdeckt dahinter den Heiligensee **04**.

An dem fast kreisrunden Binnensee brüten seltene Vogelarten wie Kiebitz, Bekassine oder Rotschenkel. Von der Düne genießt man zudem einen traumhaften Blick auf die Ostsee. Wir erreichen den Sandstrand von Rosenort **05**. Wenig spä-

Lebe in der Sonne, schwimme im Meer, trinke die wilde Luft.

Ralph Waldo Emerson , US-amerikanischer Philosoph und Schriftsteller (1803–1882)

ter leitet uns erneut ein Pfad auf die Dünen, dem wir geradeaus über einem Sandweg in den Küstenwald folgen, vorbei am Bencard-Stein **06**, der an Förster Charles Bencard (1877–1956) erinnert. Dieser hatte sich Anfang des 20. Jhs. für den Erhalt der noch recht ursprünglichen Rostocker Heide stark gemacht. Wir folgen dem Wanderweg Richtung Südosten, bis wir an einer Kreuzung mit Blockhütte **07** auf einen asphaltierten Radweg stoßen und dann rechts abbiegen. Nach ca. 800 m biegen wir links in einen Plattenweg ins Hütelmoor und erreichen wenig später einen Aussichtsstand **08** auf der linken Seite. Hier informiert eine Infotafel über die heimische Vogelwelt. Wir wandern durch das Hütelmoor und queren dabei einige Entwässerungsgräben. 15 Minuten nach dem Aussichtsstand erreichen wir erneut den Küstenwald **09**, folgen zunächst dem Waldrand und biegen dann bei erster Gelegenheit links in den Wald ein. An der folgenden T-Kreuzung **10** halten wir uns rechts und wandern geradeaus in einer Waldschneise Richtung Markgrafenheide. Wir queren einen Bach und biegen noch vor dem Prahmgraben **11** nach links ab. Parallel zum Strandresort Markgrafenheide geht es nach Süden.

Der Wanderweg endet schließlich an der Warnemünder Straße **12**. Wir halten uns rechts, gehen auf dem parallelen Fußweg bis zur Küste **02** und dann auf bekanntem Weg zurück zum Parkplatz in Warnemünde **01**.

Dein Moment für die Ewigkeit

Belichtungsdreieck

Blende, Belichtungszeit und ISO, diese drei Faktoren bedingen sich gegenseitig und du kannst ihre Beziehung nutzen, um verschiedene Effekte zu erzielen. Öffnest du die Blende, hier f/4, fällt mehr Licht durch die Linse, dementsprechend niedriger kannst du die Belichtungszeit ansetzen, wie hier mit 1/800 oder die ISO, das heißt die Lichtempfindlichkeit des Sensors verringern.

11 Steilküste & Boddenlandschaft

Hier treffen das Hohe Ufer mit der stetigen Veränderung des Kliffs auf die Gelassenheit des Boddens.

Bilder von:
Anton Schneider @antonsphotoworld

Wustrow – Ahrenshoop

Tourencharakter
Abwechslungsreiche Rundwanderung entlang der teils steil abfallenden Ostseeküste und des flachen Ufers des Bodden.

Start und Ziel
Parkplatz an der Zufahrt zur Seebrücke, 18347 Wustrow.

Schwierigkeit: **leicht** - mittel - schwer
Dauer: **3:30 h**
Länge: **11,1 km**
Aufstieg **30 hm**
Abstieg **30 hm**

Höhenlinienmodell mit Streckenverlauf

Höhenprofil

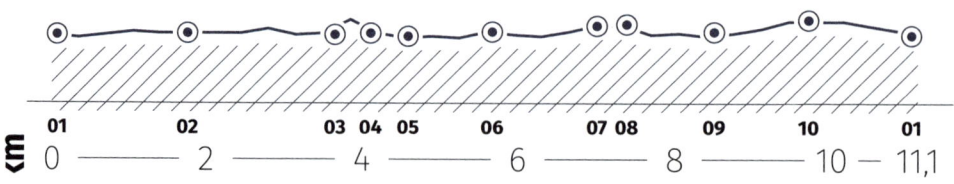

Nach dem Sternenhimmel ist das Größte und Schönste, was Gott erschaffen hat, das Meer.

Adalbert Stifter, österreichischer Dichter und Maler (1805–1868)

Das Hohe Ufer ist eine Stauchendmoräne, entstanden durch das skandinavische Eis vor mehr als 10.000 Jahren und geformt durch die Meeresbrandung. Diese sorgt für eine stetige Veränderung des sogenannten aktiven Kliffs. Bis zu fünf Meter kann der jährliche Küstenabbruch betragen.

Die Boddenlandschaft der Halbinsel Darß-Zingst hat ihren Namen von den Randgewässern der Ostsee, den Bodden. Diese flachen Buchten sind über Flutrinnen mit der Ostsee verbunden, ihr Wasser ist daher leicht salzhaltig.

▶ Vom Parkplatz **01** wandern wir zur Wustrower Seebrücke, die Ende des 19. Jhs. eine 50 m lange Holzbrücke war. Eisgang zerstörte sie und erst 1992/93 wurde die heutige, ca. 400 m lange Seebrücke errichtet. Nach der Besichtigung biegen wir (von der Brücke kommend) auf den Deichweg nach links ab. Das Hohe Ufer wandern wir entlang der Küste 📷, die immer höher wird. Vorbei am rechts liegenden Bakelberg, der mit seinen 18 m die höchste Erhebung auf dem Fischland ist, erreichen wir bald darauf den Steilabfall Hohes Ufer **02** mit einem spektakulären Blick auf Strand und Ostsee.

Wir kommen zum Ortseingang von Ahrenshoop und gehen nun weiter am Strand entlang bis zum Paul-Müller-Kaempff-Weg **03**. Wir halten uns links und biegen nach dem Aussichtspunkt rechts in den Grenzweg ein. Wir kommen so zur Dorfstraße (Hauptstraße durch den Ort), überqueren diese und folgen ihr für rund 200 m nach links, danach biegen wir in die Straße „Feldweg" **04** ein, von der wenig später ein Stichweg zur links liegenden Mühle Ahrenshoop abzweigt. Zurück auf dem Hauptweg nehmen wir an der folgenden Gabelung den Weg links, der Weg macht nach den rechts liegenden Wohnhäusern einen Knick nach Südosten.

An der folgenden Kreuzung **05** biegen wir rechts ab und wandern nach Süden. Wir erreichen so Althagen und nehmen dort den Weg nach rechts zum malerischen Hafen

Althagen **06** mit Fischräucherei und Imbissständen. Weiter nach Süden, geht es auf dem Deichweg an Niehagen vorbei und auf dem „Weg zum Kiel" zur L 21/Niehäger Straße **07**. Dieser folgen wir nach links, ignorieren zwei abgehende Seitenstraßen und zweigen beim Café Stübchen **08** links in die Straße „Bauernreihe" ab. Entlang der Boddenküste nach Süden wandernd, begleitet von vielen Aussichten biegen wir nach ca. 900 m auf Höhe eines Wäldchens nach rechts **09** Richtung Wustrow ab. Am Waldrand entlang erreichen wir den Friedhof und folgen dem Friedhofsweg **10** zur Ernst-Thälmann-Straße. Diese überqueren wir und nehmen für ein kurzes Stück den Peter-Voß-Weg, bis links die Karl-Marx-Straße abzweigt und wandern weiter bis zur Strandstraße. Wir biegen rechts ab und kommen so zurück zum Parkplatz **01** unweit der Wustrower Seebrücke.

Dein Moment für die Ewigkeit

Dämmerung

Fotografieren in der Dämmerung stellt deine Kamera vor eine Herausforderung. Es wird schwer ein perfekt ausgeleuchtetes Bild zu bekommen. Achte vor allem darauf, den ISO-Wert nicht zu hoch anzusetzen, da sonst ein Bildrauschen entsteht. Arbeite lieber mit einer längeren Belichtungszeit und einem Stativ.

12 Der Darßwald – wildromantisch, märchenhaft

Wenn das Sonnenlicht durch das sattgrüne Blätterdach bricht, junge Bockkäfer herumschwirren und in der Ferne die Brandung rauscht, dann ist der Naturmoment perfekt.

Bilder von: **Simeon Kraeft @simeonkraeft**

Von Prerow zum Darßer Ort

Tourencharakter
Rundweg mit Informationstafeln durch den Darßwald und eine naturbelassene Dünenlandschaft. Den Lehrpfad dürfen ausschließlichFußgänger begehen, teilweise handelt es sich um schmale Bohlenstege.

Start und Ziel
Parkplatz an der Zeltplatzstraße im Nordwesten von 18375 Prerow.

Schwierigkeit: leicht - **mittel** - schwer
Dauer: **3:30 h**
Länge: **11,8 km**
Aufstieg **4 hm**
Abstieg **4 hm**

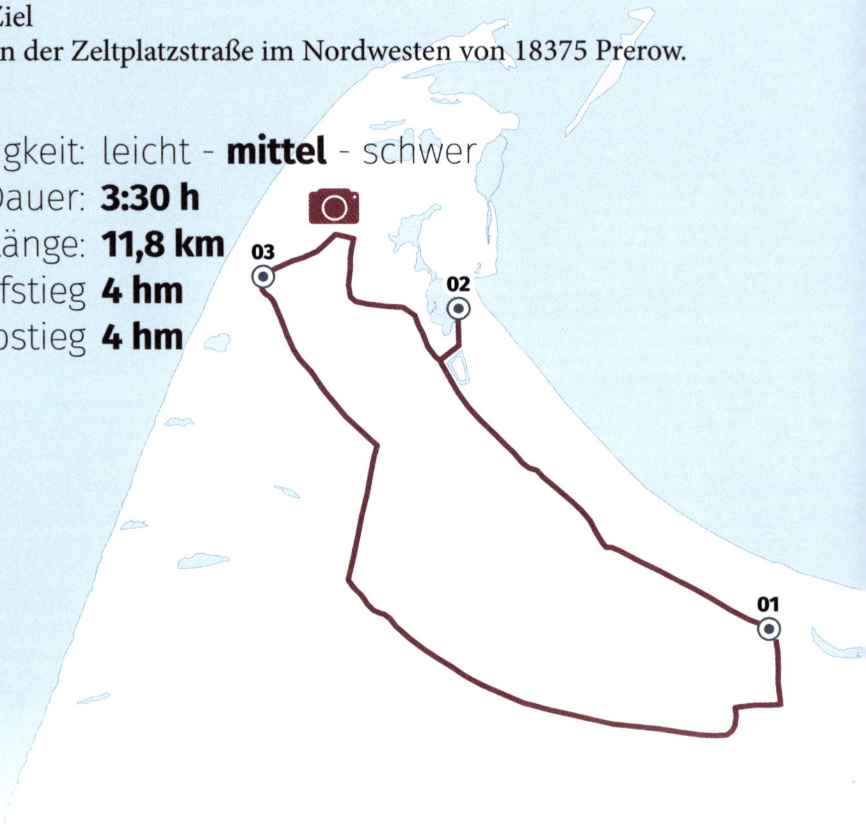

Höhenlinienmodell mit Streckenverlauf

Höhenprofil

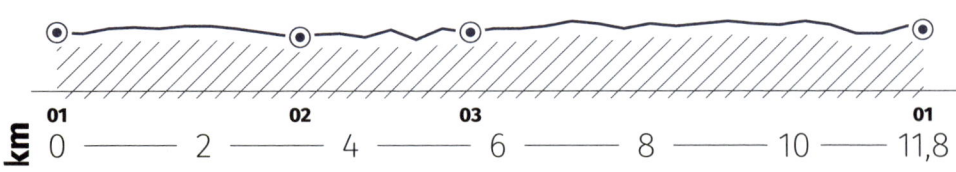

km
01 0 —— 2 —— 4 —— 6 —— 8 —— 10 —— 11,8
02 03 01

Leuchttürme rennen auch nicht über die Insel und suchen nach Booten, die sie retten können. Sie stehen nur da und senden ihr Licht aus.

Anne Lamott, Schriftstellerin

Der Darßwald (4.700 Hektar groß) punktet mit dem satten Grün der Wälder und dem Geruch von Holz und Wildblumen, die wohltuend für Leib und Seele sind. Der perfekte Ort, um sich den Wind um die Nase wehen zu lassen, die stille Weite zu genießen und den Zugvögeln nachzuschauen

▶ Wir starten am Parkplatz **01** und folgen der Zeltplatzstraße Richtung Nordwesten, rechts liegt das lang gezogene Areal der Ferienanlage Regenbogencamp. Nach den hundertjährigen Kiefern und den alten Erlenbrüchen erreichen wir die Endhaltestelle der Darßbahn (Erlebnisbahn). Wir wandern ca. 1,5 km nach Nordwesten und haben nun die Möglichkeit zu einem kleinen Abstecher zur Aussichtsplattform am Nothafen **02** (Stichweg – Hin- und Rückweg 1 km). Der Nothafen ist eigentlich einer von drei Strandseen (der Ottosee), der mit der Ostsee verbunden ist. Sein Zugang wird allerdings immer mehr von Sandbänken verschlossen, weshalb man einen anderen Standort für den Nothafen diskutiert.

Nach dem Rückweg (von der Aussichtsplattform kommend) biegen wir rechts ab und halten uns nach ca. 300 m links auf den Naturlehrpfad 🔳, der durch Wald, Heide und Dünen führt. Nach ca. 500 m rechts, dann nach 400 m wieder rechts geht es teilweise auf Bohlenwegen durch die Dünenlandschaft, wo wir vielleicht Rotwild sehen. In der Brunftzeit im Herbst tragen die Hirsche hier ihre spektakulären Kämpfe aus. Wir kommen an den Strandseen Fukareksee und Libbertsee vorbei, wo sich immer zahlreiche Vögel aufhalten, die von mehreren Aussichtsplattformen aus beobachtet werden können – Erlebnis pur mit allen Sinnen! Endpunkt des Naturlehrpfads ist der Kutschenplatz neben dem Leuchtturm Darßer Ort. Der Leuchtturm **03** weist seit 1848 der Schifffahrt ihren Weg.

Über eine gusseiserne Wendeltreppe geht es hoch zur 34 m hohen Plattform, die einen fantastischen Blick aus der Vogelperspektive über Darßer Ort bietet. Gut zu sehen sind die Sandhaken im Norden, die unterschied-lichen Dünenformen und der Darßwald. Informationen zur „bewegten Natur" an der Ausgleichsküste erhält man im NATUREUM, anschließend lädt das gemütliche Café zur Einkehr ein. Wir folgen nun für rund 1,5 km dem Leuchtturmweg zu einer Kreuzung, biegen rechts ab und wandern durch feuchte Erlenbrüche und urigen Buchenwald zum Mittelweg. An der nächsten Kreuzung halten wir uns wieder links und erreichen durch den Darßwald die Häuser von Prerow (Buchenstraße). Am Waldrand entlang wandern wir zu unserem Ausgangspunkt, dem Parkplatz **01** in der Zeltplatzstraße.

Anfahrt mit der Darßbahn: Die Bahn fährt am Hafen und anderen Haltestellen in Prerow ab und ist bis zur Endhaltestelle rund 25 Minuten unterwegs. Fahrplan beachten! Von der Endstation sind es etwa 1,8 km zu Fuß zum Leuchtturm.

Dein Moment für die Ewigkeit

Führe den Betrachter

Ein Weg der von der Linse in die Ferne führt lädt den Betrachter ein, ihm zu folgen. So ist es auch mit dem Holzsteg, der sich von der linken Bildecke in den Hintergrund schlängelt. Versuche solche blickführenden Elemente in deinem Bildaufbau mit einzuplanen.

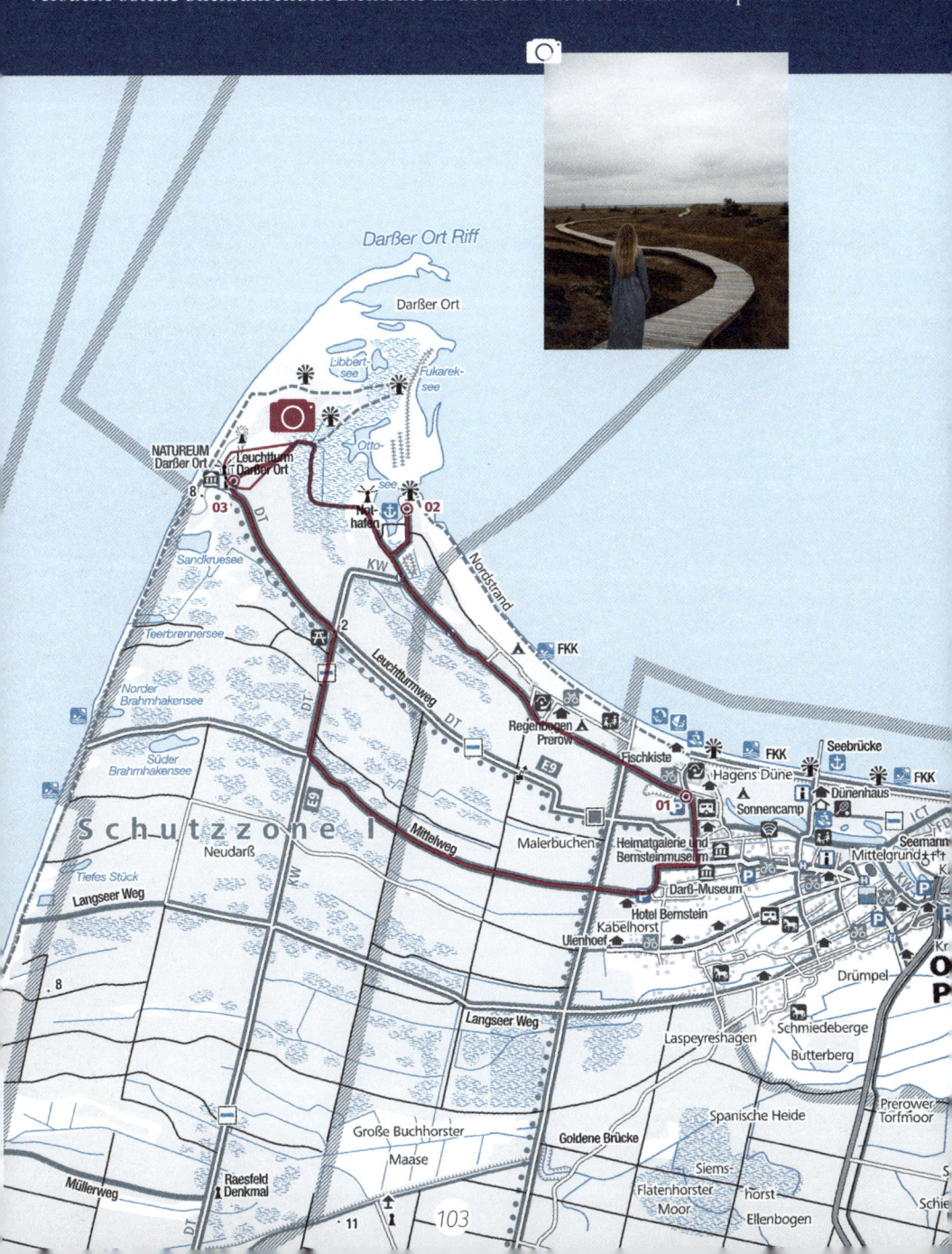

13 Darß und Zingst

Eine Tour am Prerower Strom, der sich romantisch durch die Salzwiesen schlängelt, danach zum Zingster Strom, der einzigen schiffbaren Verbindung zwischen dem Meiningenstrom (Meiningenbrücke) und dem Barther Bodden und dann weiter nach Zingst.

Bilder von: Dennis Krüger @d3nnis.ka

Am Prerower Strom nach Zingst

Tourencharakter
Auf Pfaden entlang des Prerower Stroms und des Boddenufers; Rückfahrt per Bus.

Start und Ziel
Parkplatz am östlichen Ortsrand an der Straße Richtung Zingst nach dem Hotel Alter Bahnhof (Kirchenort 1) auf der rechten Seite, 18375 Prerow.

Schwierigkeit: **leicht** - mittel - schwer
Dauer: **4:50 h**
Länge: **16,5 km**
Aufstieg **0 hm**
Abstieg **0 hm**

Höhenlinienmodell mit Streckenverlauf

Höhenprofil

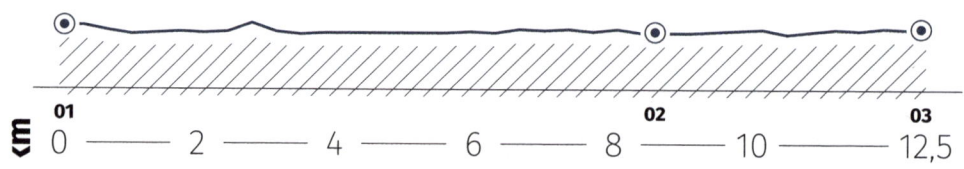

Glück ist ein Sonnenuntergang am Meer.

(www.heimatmeer.de)

Der Prerower Strom ist ein Gewässer der Boddenküste von Fischland-Darß-Zingst, das den Darß weitgehend von der Halbinsel Zingst trennt. Er beginnt bei der Insel Schmidtbülten im Bodstedter Bodden und windet sich von dort in nordwestlicher Richtung bis fast zur (äußeren) Ostseeküste an der Prerower Bucht. Der Zingster Strom ist ein flussartig ausgeprägter Teil des Barther Boddens südlich von Zingst. Er wird von der Insel Kirr und der Zingst gebildet und verläuft in einem nach Süden geöffneten Halbkreisbogen in Ost-West-Richtung.

▶ Vom Parkplatz **01** neben dem Hotel wandern wir so lange in Richtung Zingst zwischen L 21 und Prerower Strom, bis dieser (nach ca. 900 m) nach rechts (Süden) auf einen schmalen Pfad abbiegt. Auf einem niedrigen Damm (es gibt keine Markierung, Augen offen halten!) wandern wir nun immer am Prerower Strom entlang Richtung Südosten. Wo der Prerower Strom in den Bodstedter Bodden mündet, halten wir uns links am Ufer entlang bis zur Meiningenbrücke. Auf diesem Abschnitt ist es recht ruhig, meist sind nur Vögel und vorbeifahrende Schiffe zu sehen. An der Meiningenbrücke **02** – sie verbindet die Halbinsel mit dem Festland – stoßen wir auf die Straße An der Meiningenbrücke (L 21), der wir geradeaus weiter ca. 100 m folgen. Wir biegen rechts ab und wandern auf dem Dammweg weiter, dem Zingster Strom entlang nach Nordosten. Nach ca. 2 km erreichen wir

eine Aussichtsplattform mit einer fantastischen Aussicht zur Insel Kirr. Weiter geht die Tour am Yachthafen vorbei in den belebten Hafen Zingst, wo Boote ausgeliehen werden können. Hier starten Ausflugsfahrten zu verschiedenen Zielen auf dem Bodden und nach Hiddensee. Zahlreiche Gaststätten und Fischimbisse laden hier zur Einkehr ein.

Vor dem großen Hafen-Parkplatz biegen wir links in die Hafenstraße ein, queren die Jordanstraße, weiter durch die Hafenstraße und geradeaus in die Straße Postplatz, der wir nach Nordwesten bis zur Friedenstraße folgen. Wir biegen rechts in die Friedenstraße und erreichen auf dieser die Strandstraße und somit die Ortsmitte von Zingst **03** 🔴.

Mit der VVR-Buslinie 210, die Barth mit Ribnitz-Damgarten verbindet, geht es nun bequem zurück nach Prerow zur Haltestelle „Alter Bahnhof" (Fahrplanauskunft: www.vvr-bus.de).

Dein Moment für die Ewigkeit

Wo bin ich?

Anhand einer Routenbeschreibung finden wir problemlos zum Ziel. Auf dem Weg dorthin sollte man aber nicht darauf verzichten, auch mal Umwege zu gehen. Oft liegen die schönsten Ausblicke oder Fotomotive nicht direkt auf der geplanten Strecke. Mit einer Wanderkarte bekommst du einen Eindruck über die Topografie und alles, was sonst noch interessant sein könnte.

14 „Dat söte Länneken"

Das bedeutet so viel wie „Das süße Ländchen" und ist der Spitzname der Insel. Die „kleine Insel" ist innerhalb des Nationalparks Vorpommersche Boddenlandschaft die größte. Vom relativ hohen Norden (72 m) zieht sich die Insel zum schmalen, flachen Gellen genannten Süden.

Bilder von: Jan Junghans @waterandclouds

Neuendorf – Vitte – Kloster

Tourencharakter
Durch die Hiddenseer Dünenheide. Bequeme Wanderung auf teils sandigen Wegen.

Start und Ziel
Hafen in Neuendorf auf Hiddensee. Anfahrt auf der B 96 Stralsund – Rügendamm – Samtens, hier abzweigen nach Gingst und weiter zum Fährhafen Schaprode. Die Inel Hiddensee ist autofrei.

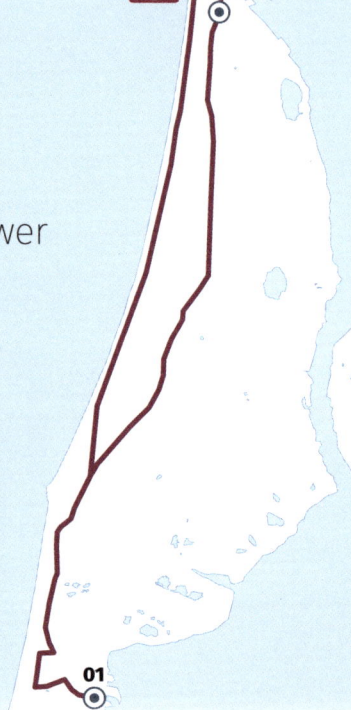

Schwierigkeit: **leicht** - mittel - schwer
Dauer: **3:15 h**
Länge: **15,9 km**
Aufstieg **0 hm**
Abstieg **0 hm**

Höhenlinienmodell mit Streckenverlauf

Höhenprofil

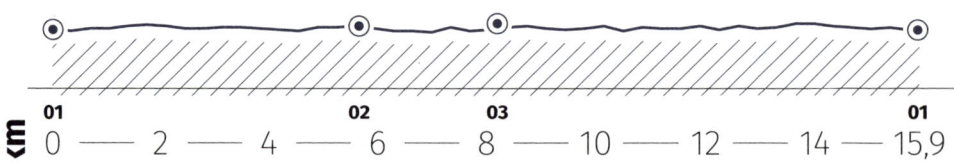

Die Dünenheide zwischen Neuendorf und Vitte verwandelt sich zur Zeit der Heideblüte in ein violettes Blütenmeer. Wie in Vitte besteht auch im Inselhauptort Kloster die Möglichkeit, die aussichtsreiche Strand-, Heide- und Badewanderung abzukürzen und mit dem Schiff ans Festland zurückzufahren. Das Fischerdorf Neuendorf am Schaproder Bodden ist das am ursprünglichsten erhaltene Dorf auf Hiddensee. Mit seinen weiß getünchten, reetgedeckten Häusern, deren breite Eingangsseiten alle nach Süden ausgerichtet sind, steht es komplett unter Denkmalschutz. Auffällig ist auch das Fehlen von umhegten Gärten, von Zäunen und sonstigen Abgrenzungen: Frei stehen die Häuser auf den kleinen und überflutungssicheren „Bergen" (Dünen) im autofreien Land.

▶ Vom Hafen Am Bollwerk führt die Straße Königsbarg durch das pittoreske Neuendorf 01 kurz westwärts und setzt sich als Pfad fort, der nach dem Feuerlöschteich den Strand an der Westküste der Insel erreicht. Der Strand gibt im Rauschen der Ostsee die Route nordwärts vor, nach Passieren von Sanitäranlagen und eines Spielplatzes bleiben die Häuser von Neuendorf zurück und nach einem Steindamm, der Neuendorf umgibt, geht es rechts versetzt geradeaus weiter auf der Inselhauptstraße, bis an einer Nationalpark-Informationsstelle der Weg durch die Dünenheide beginnt.

Die Hiddenseer Dünenheide ist die letzte in Mecklenburg-Vorpommern und steht als einmalige Natur- und Kulturlandschaft unter Naturschutz. Charakterpflanzen sind

alte Wacholder, Glockenheide und Krä-henbeeren. Mehrere Wege führen durch das Schutzgebiet, das Schafe von Verwaldung freihalten. Neben der Beweidung dient auch die Imkerei dem Erhalt der Heide. Am Ostrand der 120 ha großen Heidelandschaft lädt das Hotel Heiderose zur Einkehr ein, an einer Wegespinne im Norden der Heide befindet sich der Mittelpunkt der Insel. Von der Dünenheide führt der Wanderweg in den Hafenort Vitte **02**

mit sehenswerten Häusern. Links geht es zur Strandpromenade, die einem Damm aussichtsreich nordwärts folgt. An einer Raststelle endet der Damm und auf der autofreien Inselstraße geht es weiter nach Kloster **03**, dort rechts (Weißer Weg) auf die Boddenseite der Insel, wo der Boddendeich aussichtsreich zurück nach Vitte führt. Von dort geht es am Strand ent-lang zurück zum Ausgangspunkt, dem Hafen von Neuendorf **01**.

Dein Moment für die Ewigkeit

Goldener Schnitt

⅔ Himmel, ⅓ Land, das wirkt ausgewogen. Für einen guten Bildschnitt gibt es viel Lektüre. Die bekanntesten Konzepte sind der Goldene Schnitt und die Goldene Spirale (Fibonacci-Spirale). Ein wohlüberlegter Bildschnitt macht oft den Unterschied zwischen Schnappschuss und druckenswertem Bild.

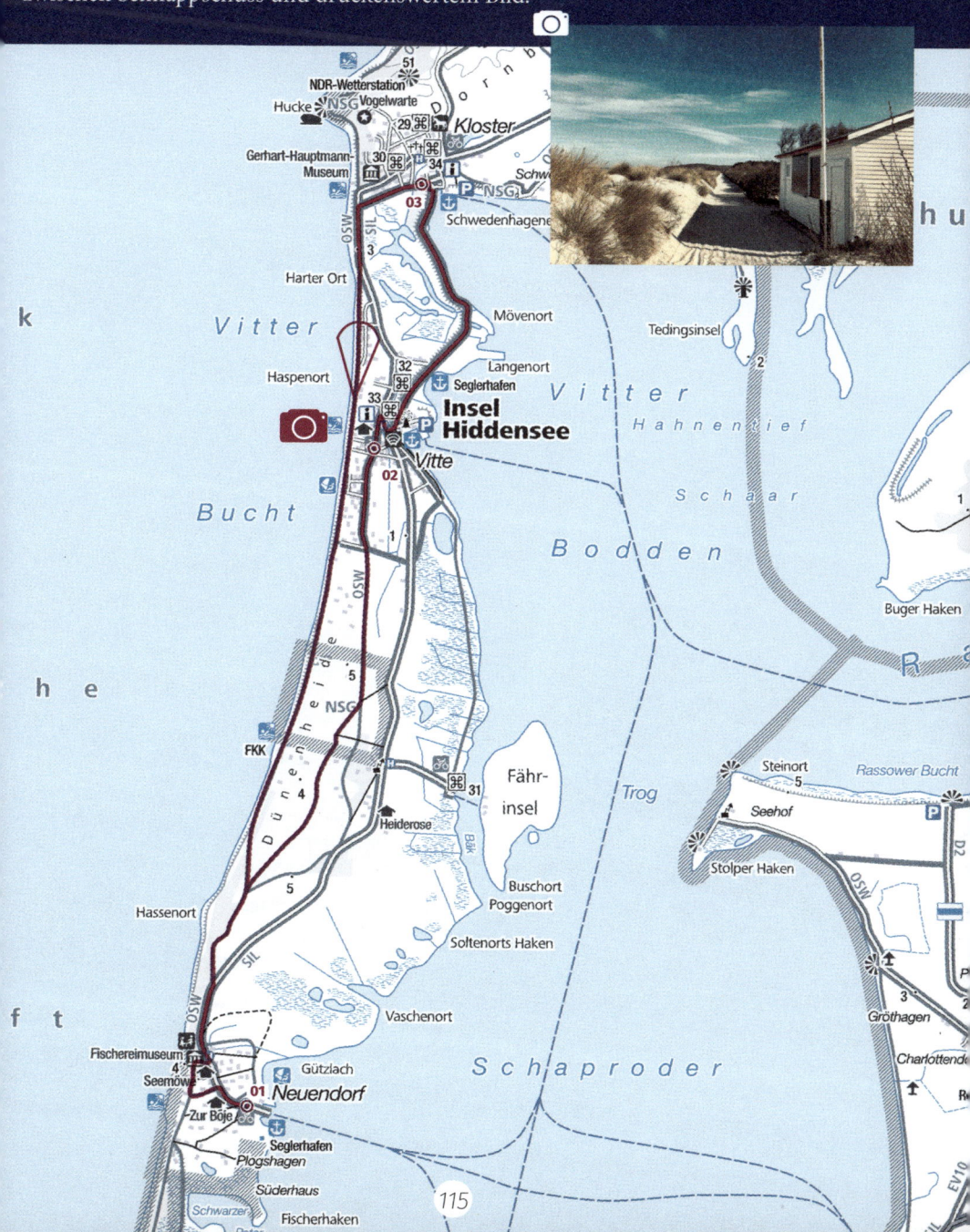

15 Bodden-„Nah!"

An der Ostsee ist die meisten Tage im Jahr Wind. Die Tour macht den Kopf frei und lässt uns die Landschaft genießen an der Küste entlang von Schaprode zur Wittower Fähre.

Bilder von:
Bernd Meissner @bernimeissner

Rügen: Schaprode – Wittower Fähre

Tourencharakter
Bequeme Wanderung auf Küstenpfaden und Feldwegen.

Start und Ziel
Bushaltestelle in 18569 Schaprode (dort auch zahlreiche Parkplätze).

Schwierigkeit: **leicht** - mittel - schwer
Dauer: **1:30 h**
Länge: **10,2 km**
Aufstieg **0 hm**
Abstieg **0 hm**

Höhenlinienmodell mit Streckenverlauf

Höhenprofil

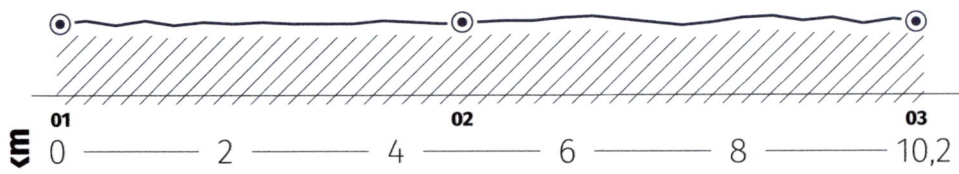

Wer den Wert glücklicher Augenblicke zu schätzen weiß, sammelt Schätze für's Leben.

Ernst Ferstl, Schriftsteller

Vom Hiddensee-Fährhafen Schaprode an der Westküste Rügens führt diese Streckenwanderung aussichtsreich längs der Boddenküste zur Wittower Fähre. Schaprode wird 1193 erstmals urkundlich erwähnt, seine Backsteinkirche zählt zu den ältesten erhaltenen Sakralbauten auf Rügen und ist das schönste Beispiel romanischer Baukunst auf der Insel. Rund um die stattliche Kirche gruppieren sich reetgedeckte Häuser. Die Küste, Ostgrenze des Nationalparks Vorpommersche Boddenlandschaft, gibt hier die Route vor.

▶ Da die gegenüberliegende Insel Hiddensee autofrei ist, ist Schaprode der Standort mehrerer Großparkplätze für Inselurlauber.

Ab Schaprode **01** wandern wir, linker Hand der Schaproder Bodden, gegen Norden. Ab dem Hafen gehen wir am Zaun des Parkplatzes entlang und folgen nun dem Küstentrail (Weg/Pfad) immer der Uferlinie folgend und mit herrlichem Blick auf die Insel Hiddensee. Hier genießen wir die schöne Passage – ruhig und entspannend, so richtig zum Seele baumeln lassen.

An der Stelle, wo von Poggenhof her die Zufahrt zum Seehof einmündet, befindet sich ein Rastplatz, der zum Picknicken einlädt 📷. An der nächsten Kreuzung (links geht es zum Campingplatz an der aus dem Nordischen Krieg stammenden „Schwedenschanze") biegen wir landeinwärts,

nach Osten ab. Nach ca. 900 m nach links treffen wir auf die Markierung Blaustrich auf unserer weiteren Route.An der Küste der Rassower Bucht **02** angekommen, biegen wir rechts ab, atmen tief die herrliche Meerluft ein und wandern auf einem durch Heckengehölzer gesäumten Feldweg. Kurz vor der Abzweigung des Weges nach Neu-holstein findet sich eine schöne Badestelle. An dieser Kreuzung besteht nun die Möglichkeit über Neuholstein (L 302, ca. 6 km) über das von Feldfluren geprägte Landesinnere wieder nach Schaprode zurückzuwandern oder wir gehen weiter zum Gut Vaschvitz und erreichen wenig später die Wittower Fähre **03**.

Dein Moment für die Ewigkeit

Frag die Locals!

Tipp vom Fotografen: „An dem kleinen Rastplatz an der Kreuzung zu Poggenhof stehen einige vom Wind geformte Kiefern, die im Abendlicht malerisch zu leuchten beginnen." Solche Tipps von Einheimischen und Leuten, welche die Gegend gut kennen, sind Gold wert. Hab keine Scheu, auch mal aktiv nach Geheimtipps zu fragen!

16 Besonders ausgeprägte Sonnenscheingarantie!

An der Küste bis nach Wiek mit wunderbaren Fotomotiven mit oder von der Kreidebrücke, gerne auch mit einem spektakulären Sonnenuntergang, ein wahres Eldorado für Fotojäger.

Bilder von: **Dustin Krehmke @rawstock.fotografie**

Rügen: Wittower Fähre – Zürkvitz – Wiek

Tourencharakter
Aussichtsreiche, fahrradfähige Küsten- und Feldflurwanderung.

Start und Ziel
Wittower Fähre im Ortsteil Fährhof der Gemeinde
18556 Wiek. Bushaltestelle Wittower Fähre.

Schwierigkeit: **leicht** - mittel - schwer
Dauer: **2:15 h**
Länge: **8,1 km**
Aufstieg **3 hm**
Abstieg **3 hm**

Höhenlinienmodell mit Streckenverlauf

Höhenprofil

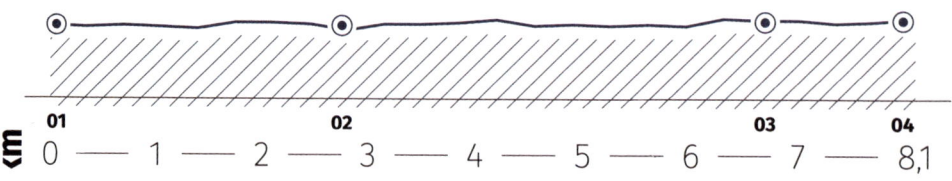

Du kannst keinen Ozean überqueren, indem du einfach nur aufs Wasser starrst.

Rabindranath Tagore, Philosoph (1861–1941)

Von der Wittower Fähre an der Südspitze der Halbinsel Wittow führt der Europäische Fernwanderweg 10 längs der flachen Küste vom Rassower Strom und dem Wieker Bodden in das Wassersportdorf Wiek mit reetgedeckten Häusern, ein viel besuchter Surf- und Badestrand.

▶ Am Fährhafen an der Wittower Fähre **01** sollte man sich die Abfahrtszeiten des Busses notieren, der vom Zielort Wiek sowie von Zürkvitz aus zum Ausgangspunkt zurückfährt!

Vom Fähranleger folgen wir dem Wanderweg (Markierung Grünstrich) an der Küste des Wieker Boddens entlang nach Norden. Gegenüber des Rassower Stroms zeigt sich die Halbinsel Bug, der größte Sandhaken Rügens; er liegt im Nationalpark Vorpommersche Boddenlandschaft.

Schon bald tritt der Uferweg in einen Küstenschutzwald ein und erreicht dahinter den Rastplatz am ehemaligen Hafen Vansenitz **02**, an den noch eine Mole erinnert. Hier zweigt landeinwärts der Wanderweg

Richtung Parchow ab, während der Küstenwanderweg weiter dem Ufer folgt und bald erneut in einen schattigen Wald eintaucht. Die Boddenküste schwingt sanft nach rechts ein mit Blick auf den ganzen Wieker Bodden mit den Orten Wiek und Dranske.

Am Aussichtspunkt Boddenblick befinden sich eine Schutzhütte und eine Badestelle. Vor den ersten Häusern des ehemaligen Guts Zürkvitz **03**, das bis zum Einmarsch der Roten Armee aus einem Einzelgehöft bestand, biegt der Weg kurz landeinwärts zur Landstraße; der 3 ha

große Park des ehemaligen Guts Zürkwitz wurde während der sowjetischen Besatzung zerstört, nur einige alte Bäume wie Ginko, Ulme, Platane und Eiche sind erhalten; die Erneuerung des denkmalgeschützten Parks wird noch einige Jahre dauern. An der Landstraße befindet sich die Bushaltestelle Zürkvitz.

Ab hier besteht die Möglichkeit zum Ausgangspunkt (Wittower Fähre) zurückzufahren oder wir folgen der Straße der Deutsch-Sowjetischen Freundschaft in den Hafenort Wiek **04** 📷, wo sich eine weitere Bushaltestelle befindet.

Dein Moment für die Ewigkeit

Üben, üben, üben

Manchmal herrscht Zeitdruck für das perfekte Bild. Die Sonne geht nur einmal am Tag unter. Verpasst du es genau in dem Moment alle Einstellungen richtig gemacht zu haben, ist auch dein Wunschbild weg. Deshalb heißt es auch schon vor deiner nächsten Tour: Üben, üben, üben.

17 Romantisches Kleinod in der Ostsee

Der Höhenweg durch den Dornbuschwald ist eine gute Möglichkeit, das Hochufer zu erkunden. Ab und zu gibt der Weg Einblicke in die grandiose Szenerie der Steilküste.

Bilder von: Jan Junghans @waterandclouds

Hiddensee: Kloster – Dornbusch – Bakenberg

Tourencharakter
Bequeme Wanderung auf zum Teil sandigen Wegen mit passagenweise steilen Auf- und Abstiegen.

Start und Ziel
Hafen in 18565 Hiddensee/Kloster; Anfahrt auf der B 96 Stralsund – Rügendamm – Samtens, hier abzweigen nach Gingst und weiter zum Fährhafen 18569 Schaprode. Die Insel Hiddensee ist autofrei.

Schwierigkeit: **leicht** - mittel - schwer
Dauer: **2:30 h**
Länge: **8,4 km**
Aufstieg **82 hm**
Abstieg **82 hm**

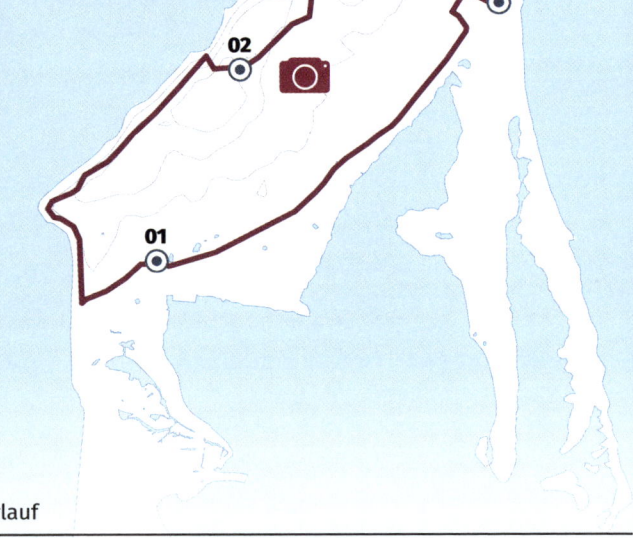

Höhenlinienmodell mit Streckenverlauf

Höhenprofil

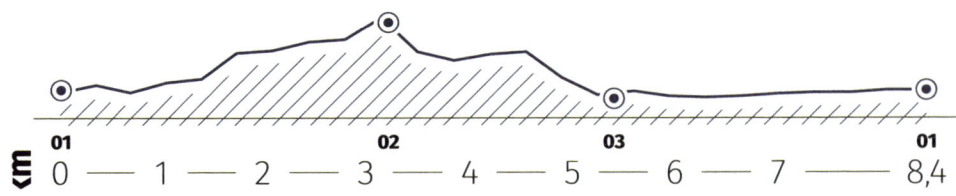

Ein Reisender auf einem Schiff hat bald den sehr lebhaften Eindruck, dass der Ozean viel mehr aus Wellen, als aus Wasser besteht.

Arthur Eddington, Physiker (1882–1944)

Vom Ostseebad Kloster führt diese Panorama-, Bade- und Waldwanderung über den Dornbusch zum Bakenberg. Hier thront der Leuchtturm Dornbusch, die höchste Stelle der autofreien Insel Hiddensee.

▶ Vom Hafen schlendern wir in das Seebad Kloster **01** zur schlichten gotischen Kirche, auf deren Friedhof der schlesische Literaturnobelpreisträger Gerhart Hauptmann 1946 seine letzte Ruhestätte gefunden hat. Von der Kirche geht es am Gerhart-Hauptmann-Museum in der Villa Seedorn (ab 1930 Sommerresidenz des Dichters) vorbei zum Inselmuseum am Badestrand an der Ostküste, halten uns rechts und weiter zur aussichtsreichen, in Richtung der in die See

vorspringenden Hucke, einem der schönsten Plätze der Insel. Die 400 m lange Huckemauer, ein das Kliff schützender Steinwall, wurde kurz vor dem Zweiten Weltkrieg errichtet. Besonders gut zu überblicken sind Hucke und Mauer vom Hochuferweg aus, zu dem eine von Heckenrosen flankierte Treppe mit mehr als 100 Stufen führt (es gibt noch weitere Strandabstiege, sodass man sich vor Ort für die Strand- oder die Hochuferroute entscheiden kann).

Der Hochuferweg führt durch den Dornbuschwald, rechts rundet sich der Hexenberg, und immer wieder eröffnen sich zwischen Heckenrosen, bizarrwüchsigen Kiefern und Holundern prachtvolle

Ausblicke. Nach der Waldgaststätte „Zum Klausner" erreichen wir den 1888 errichteten Leuchtturm Dornbusch auf dem aussichtsreichen Bakenberg **02** 📷, der mit ca. 73 m höchsten Erhebung der Insel Hiddensee. Mit vielen Aussichten belohnt führt uns der Pfad weiter zum Swantiberg (65 m) mit einem faszinierenden Panoramablick über die Insel Hiddensee (Vorsicht! Gipfel liegt nah an der Abbruchkante!). Nach dem Abstieg zum Enddorn **03**, wo regelrechte „Sanddornwälder" zu beobachten sind, mündet der naturbelassene Weg auf einen Wirtschaftsweg, dem wir auf der Bodenseite der Insel zum Dorf Grieben und zurück nach Kloster **01** folgen.

Dein Moment für die Ewigkeit

Der Sucher

Überleg dir früh genug was du fotografieren willst und wo dafür der beste Standort ist. Erst der Blick durch den Sucher oder auf das Display zeigt dir, ob die gewählte Position optimal ist. In unserer Wahrnehmung blenden wir uninteressante Partien am Rand aus oder fokussieren uns auf ein Detail. Den attraktiven Bildbereich müssen wir beim Fotografieren aktiv auswählen.

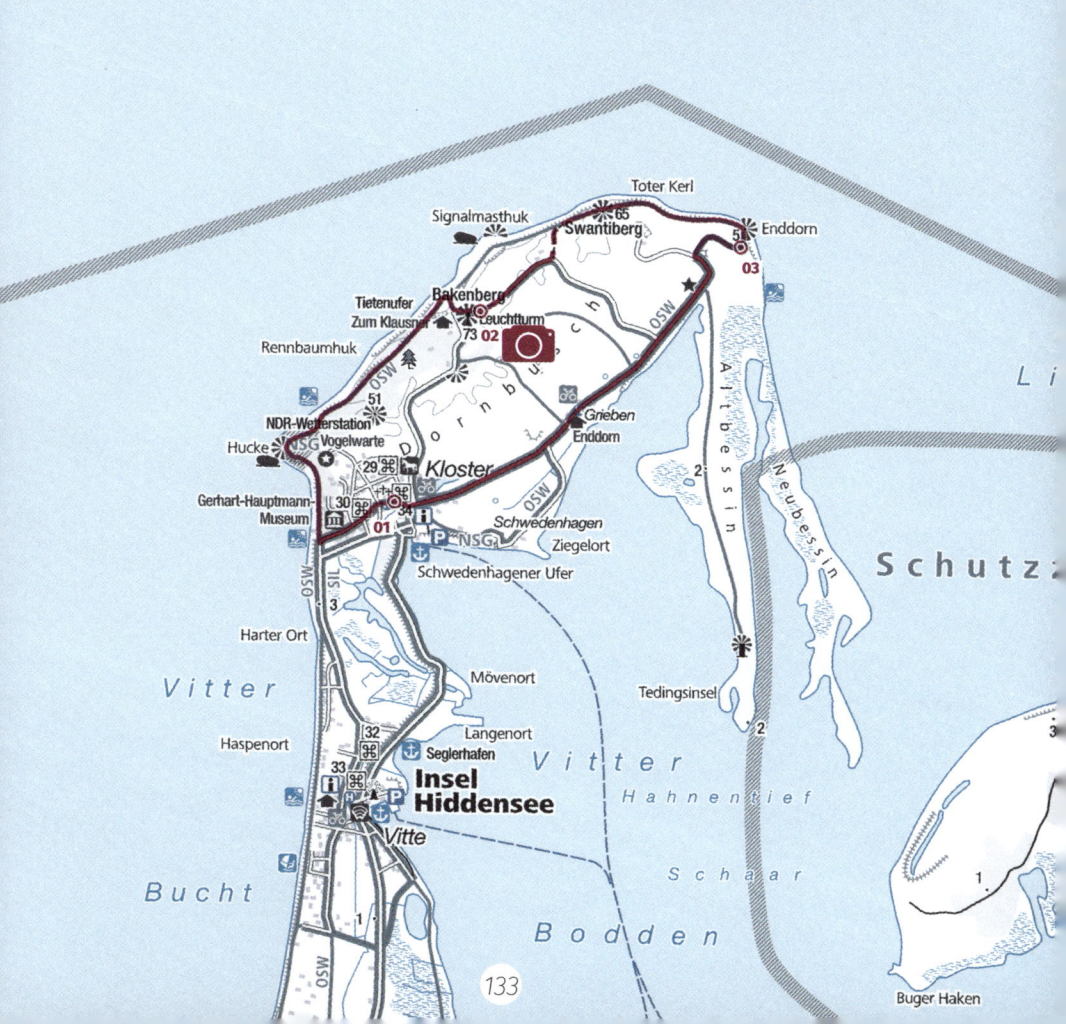

18 Nordkap – Kreide-Steilküste

Der nördlichste Zipfel aus Kreide, das Kap Arkona, zählt zu den sonnenreichsten Orten in ganz Deutschland. Die alten Romantiker waren sehr oft in dieser Gegend!

Bilder von: **Irina Mituca @Irinamituca**

Rügen: Putgarten – Kap Arkona – Juliusruh

Tourencharakter
Bequeme, aussichtsreiche Küstenwanderung.

Start und Ziel
Bushaltestelle/Großparkplatz am Ortsrand von 18556
Putgarten; Rückfahrt von der Bushaltestelle Juliusruh,
18556 Breege.

Schwierigkeit: **leicht** - mittel - schwer
Dauer: **3:15 h**
Länge: **10 km**
Aufstieg **27 hm**
Abstieg **49 hm**

Höhenlinienmodell mit Streckenverlauf

Höhenprofil

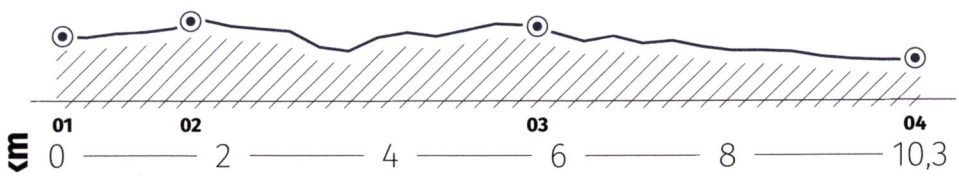

Jeder Tropfen im Ozean zählt.

Yoko Ono, japanische Künstlerin, Autorin und Friedensaktivistin

Die nördliche Etappe des Europäischen Fernwanderweges E 10 führt von Kap Arkona, dem Nordkap Rügens, längs der Kreidekliff-Ostküste der Halbinsel Wittow in das Seebad Juliusruh. Die Route, die in beide Richtungen gleichermaßen attraktiv ist, eignet sich auch hervorragend als Tagestour mit Hin- und Rückwanderung auf derselben Strecke; Bushaltestellen finden sich in Putgarten und Juliusruh.

▶ Von Putgarten **01** folgen wir dem autofreien Kutschen- und Minibahnweg zum aussichtsreichen Kap Arkona **02** 📷. Kap Arkona ist eine 43 Meter hohe, aus Kreide und Geschiebemergel bestehende Steilküste. Wir folgen nun dem Wanderweg („Blaustrich") und wandern südwärts auf dem Hochufer an der Jaromarsburg vorbei nach Vitt. Durch seine Lage in einer Uferschlucht an der Steilküste, Liete genannt, ist

auf den Riesenberg **03**, eine Megalithanlage von 34 m Länge. Sie besteht aus zwei trapezförmigen Steinreihen mit zwei stattlichen Ecksteinen („Wächtersteinen") im Süden.

Die Romantiker Caspar David Friedrich, Carl Gustav Carus und Friedrich Preller haben den „Riesenberg", der an die jungsteinzeitliche Besiedlung von Rügen erinnert, mehrfach abgebildet. Mit prachtvollem Blick auf die Strände an der Tromper Wiek und auf die Halbinsel Jasmund führt der Weg weiter südwärts, passiert den Abzweig nach Altenkirchen, biegt ein wenig landeinwärts ab und mündet bei einer Bushaltestelle auf die Straße Altenkirchen – Juliusruh.

Wir biegen links ab und erreichen nach wenigen Minuten den kleinen Ort Juliusruh **04**.

Vitt landseitig aus der Ferne nicht sichtbar. Erst vom Rand der Schlucht erblickt man die reetgedeckten Krüppelwalmdächer des Dorfes. Wer nun auf derselben Strecke zurückwandert, kann zwischen Vitt und Kap Arkona auch die Strandroute am Fuß der Kreidekliffs benutzen.

Wir wandern weiter, am Goorer Berg vorbei und treffen auf unserem Weg beim Dorf Nobbin (Abstecher mit Einkehrmöglichkeit)

Dein Moment für die Ewigkeit

Ganz oder gar nicht?

... das ist das A und O der Fotografie. Ein klassischer Trick ist einen leeren Diarahmen vor das Auge zu halten. Genau so ist Fotografieren – man muss selbst den Bildausschnitt festlegen. Das geschieht mit der Brennweite, dem Standort und natürlich der Perspektive. Du kannst dich zum Beispiel auch entscheiden, nur einen Teil zu zeigen, wie bei diesem Bild.

19 Kreidefelsen und alte Fischerhäuser

Tief eingebettet in einer Uferschlucht nahe dem Kap Arkona liegen die reetgedeckten Häuser des alten, malerisch schönen Fischerdörfchens Vitt.

Bilder von: **Nico Kaiser @muxpix**

Rügen: Putgarten – Vitt – Kap Arkona

Tourencharakter
Bequeme, aussichtsreiche Küstenwanderung ohne nennenswerte Auf- & Abstiege.

Start und Ziel
Bushaltestelle/Großparkplatz am Ortsrand von 18556 Putgarten.

Schwierigkeit: **leicht** - mittel - schwer
Dauer: **2:30 h**
Länge: **7,8 km**
Aufstieg **46 hm**
Abstieg **46 hm**

Höhenlinienmodell mit Streckenverlauf

Höhenprofil

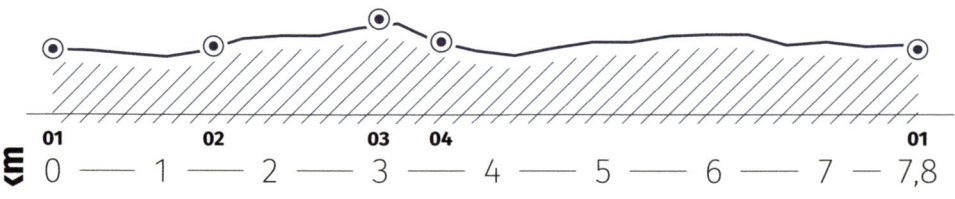

Wie anziehend, wie fesselnd sind doch Meer und Strand!
Wie verliert man sich in ihrer Einfachheit, ja, in ihrer Leere!

Walt Whitman, Dichter (1819–1892)

Diese attraktive Küstenwanderung im Norden der Halbinsel Wittow führt in das denkmalgeschützte Fischerdorf Vitt und zum Kap Arkona, der aussichtsreichen Nordspitze Rügens.

▶ Vom Parkplatz bzw. der Bushaltestelle in Putgarten **01** folgen wir der Ausschilderung Richtung Kap Arkona und zweigen im Dorf rechts auf die (autofreie) Straße Richtung Vitt ab. Das denkmalgeschützte Fischerdorf Vitt **02** mit seinen reetgedeckten Häusern und der ebenfalls reetgedeckten, achteckigen Strandkapelle (1806) liegt in einer Schlucht an der Kliffküste. Ein Hohlweg führt an der Dorfkneipe vorbei zum Strand, dort schützt eine Mole die Fischerboote. Frisch geräucherter Seefisch ist die Spe-

zialität in diesem pittoresken Dorf, dessen Name sich von „Vitte" = Fischplatz (Anlandungsplatz für Fisch) ableitet.

Von Vitt aus kann man dem steinigen Uferbzw. Strandweg nordwärts zum Kap Arkona folgen ◙. Er führt am Fuß der Kreidefelsen und am Kosegartenstein vorbei, benannt nach dem Pfarrer, der die Strandkapelle erbauen ließ. Stufenanlagen führen durch die Kliffküste zum aussichtsreichen Kap Arkona **03** hinauf. Wer den Strandweg nicht nehmen möchte, kehrt zurück zum Hochufer, wo der mit „Blaustrich" markierte E 10 teils aussichtsreich, teils in einem Wäldchen an der Abbruchkante des Hochufers entlang und über die Klüsser Berge führt.

Rechts schweift der Blick über das Wasser der Tromper Wiek und zur Steilküste der Halbinsel Jasmund bei Lohme, geradeaus zeigen sich die bis zu 46 m hohen Klippen von Kap Arkona, und auch dort ist die Aussicht vom Feinsten: Bei klarer Sicht zeigen sich die Kreidefelsen der dänischen Insel Møn. Den Nordpunkt des Kaps bildet der Gellort **04**; dort liegt unten am Strand einer der größten Findlinge Rügens, der 165 Tonnen schwere „Söbenschniedersteen" (Siebenschneiderstein).

Vom Gellort wandern wir weiter auf dem Rad- und Wanderweg durch das Naturschutzgebiet Nordufer und Hohe Dielen an der Abbruchkante entlang, bis der fahrradfähige „Grünstrich"-Wanderweg landeinwärts abzweigt. An der ersten Kreuzung biegen wir links ab und erreichen unser Ziel in Putgarten **01**.

Dein Moment für die Ewigkeit

Es darf auch mal weniger sein

Wenn dir die Stimmung einer Umgebung gefällt, dann versuche genau das einzufangen. Was macht die Stimmung aus? Du kannst nicht alles abbilden. Such dir bewusst den Bildausschnitt aus und gleiche das Ergebnis mit deiner Vorstellung ab. Dieses Bild wirkt besonders durch die Komposition der malerischen Wolken im Kontrast zu dem leichten Wellengang. Es wirkt beinahe wie ein Ölgemälde.

20 Alte Bäume und viel Strand

Zwischen dem Breeger Bodden, dem Großen Jasmunder Bodden im Westen und der Tromper Wiek im Osten liegt die Schaabe, auf der wir die Hälfte der Tour im Wald und am Rande einer Moorlandschaft wandeln und ab Glowe entspannt am Strand zurückwandern.

Bilder von: **Bernd Meissner @bernimeissner**

Rügen: Juliusruh – Glowe

Tourencharakter
Aussichtsreiche Uferwanderung mit Waldpassagen und Sandstrand.

Start und Ziel
Bushaltestelle Juliusruh/Aquamaris, 18556 Breege/Juliusruh.

Schwierigkeit: leicht - **mittel** - schwer
Dauer: **6:00 h**
Länge: **18,9 km**
Aufstieg **6 hm**
Abstieg **6 hm**

Höhenlinienmodell mit Streckenverlauf

Höhenprofil

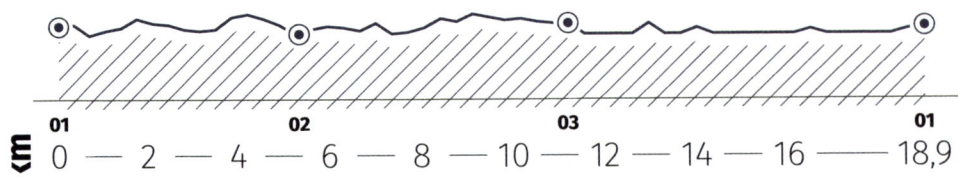

01	02	03	01
km 0 — 2 — 4 — 6 — 8 — 10 — 12 — 14 — 16 — 18,9			

Ich liebe es, wenn der Wind meine Haare zerzaust, meine doofen Gedanken wegpustet und ich einfach glücklich bin.
(www.kuestenglueck.com)

Vom Badeort Juliusruh führt diese Rundtour über die Schaabe. Die Schaabe ist die nehrungsartige Landverbindung zwischen den Halbinseln Wittow und Jasmund auf Rügen; sie erstreckt sich zwischen der Tromper Wiek auf der Ostseeseite und dem Breeger Bodden, Lebbiner Bodden und Großen Jasmunder Bodden auf der Landseite. Während die Boddenseite von Wald und Verlandungszonen geprägt wird – vor allem der Süden ist weitflächig vermoort (Naturschutzgebiet) – befindet sich auf der Seeseite ein kilometerlanger Sandstrand. Bis zum Deutsch-Französischen Krieg 1870/71 bestand die Schaabe nur aus Sand, der mit Strandhafer kärglich bewachsen war. Danach mussten französische Kriegs-

gefangene, die auf dem Wallgut bei Glowe untergebracht waren, die Schaabe erstmals aufforsten. Während die Boddenseite von Wald und Verlandungszonen geprägt wird, befindet sich auf der Seeseite ein kilometerlanger Sandstrand.

▶ Ab der Bushaltestelle in Juliusruh/Aquamaris **01** wandern wir zum Eingang des historischen Parks mit seinen über 200 Jahre alten Baumbeständen. Einen kleinen Rundgang durch diese Naturoase sollte man sich auf keinen Fall entgehen lassen. Julius von der Lancken ließ den Park 1795/96 auf einem Heide- und Wanderdünengebiet anlegen, um hier seine Ruh' zu finden; die Lindensetzlinge importierte er aus dem

südschwedischen Schonen, da er davon überzeugt war, dass sie der rauen Witterung auf Rügen am besten widerstehen könnten – wie sich heute zeigt zu Recht 📷 . Vom Park leitet uns der E 10 (Markierung „Blaustrich") kurz Richtung Breege, winkelt jedoch vor dem Fischerdorf und Ostseebad links ab und führt parallel zum von breiten Verlandungsabschnitten gesäumten Ufer des Breeger Boddens durch den Wald.

Die höchste Erhebung ist der 10 m hohe Kegelinberg (er wird umwandert). Wenig später öffnet sich am Gelmer Ort **02** der Blick über den Breeger Bodden bis zu den Dünen von Hiddensee – faszinierend, diese Aussicht. Weiter geht es längs der Boddenküste zur Badestelle am Großen

Ort, wo die Küstenlinie zurückschwingt und die Schaabebucht und die Hüttebucht bildet. Kurz nach Verlassen des Küstenbereichs zweigt der Europäische Fernwanderweg E 10 am Moor-Naturschutzgebiet links ab und führt dann parallel zur Straße nach Glowe **03**, dem größten Badeort in Nordrügen.

Auf dem Rückweg wandern wir nun kilometerlang am Sandstrand an der Tromper Wiek entlang. Die See, der Wind, das Reizklima – alles was den Kopf frei macht und die Sorgen klein werden lässt. Hier sieht man auch bildlich, mit was für einer Kraft das Wasser die Küste formt. Wir wandern solange weiter, bis wir wieder die Bushaltestelle Juliusruh/Aquamaris **01** erreichen.

Dein Moment für die Ewigkeit

Bildaufbau

Der Aufbau ist bei diesem Bild besonders gut gelungen. Die Aufteilung geht klar hervor und die Horizontlinie wurde sehr präzise im unteren Drittel gezogen. Je nachdem was man zeigen will, bietet sich die Positionierung des Horizontes bei ⅓ oder bei ⅔ des Bildes an. In diesem Fall wird die Aufmerksamkeit besonders auf den Himmel und die Küstenwindstimmung gelenkt.

21 Dolmen, Burg und Kreide

Der Nationalpark Jasmund vereint alles, was Kultur- und Naturliebhaber lieben – den Ringwall der Herthaburg, markante Kreidefelsen und viel Natur.

Bilder von: **Nico Kaiser @muxpix**

Rügen: Hagen – Herthasee – Königsstuhl

Tourencharakter
Wald- und aussichtsreiche Hochuferwanderung auf fast durchgehend bequemen Wegen.

Start und Ziel
Bushaltestelle „Parkplatz Hagen" bei 18551 Lohme-Hagen.

Schwierigkeit: **leicht** - mittel - schwer
Dauer: **2:45 h**
Länge: **9,4 km**
Aufstieg **68 hm**
Abstieg **68 hm**

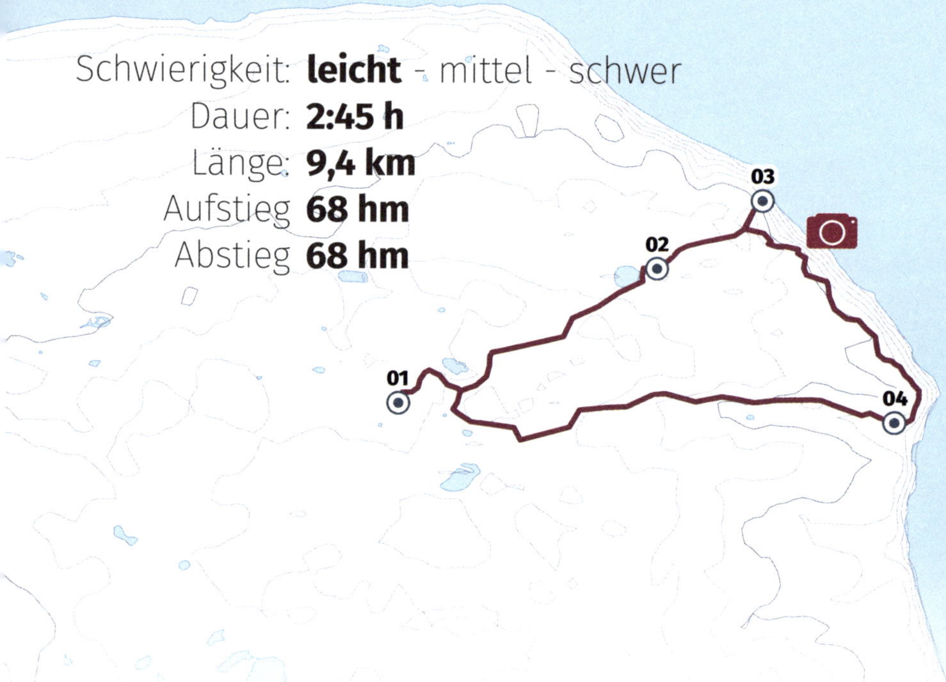

Höhenlinienmodell mit Streckenverlauf

Höhenprofil

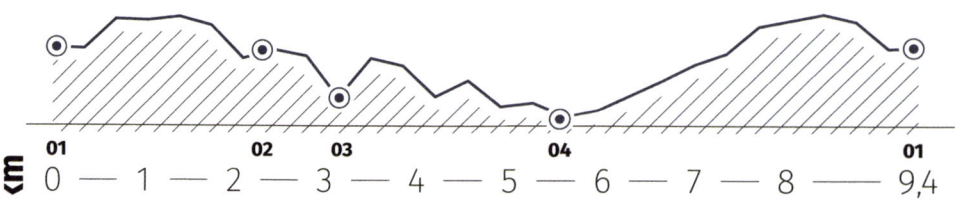

Mit dem Herthasee und der Herthaburg sowie der im Königsstuhl gipfelnden Stubbenkammer an der Kreidesteilküste berührt diese Rundwanderung einige der spektakulärsten Kultur- und Naturdenkmäler im Nationalpark Jasmund.

▶ Von der Infotafel am Parkplatz Hagen **01** (die für den öffentlichen Verkehr gesperrte Stubbenkammerstraße führt direkt zum Königsstuhl) folgen wir dem beschilderten Waldweg am Alten Torfmoor vorbei in Richtung „Herthasee" – Richtung Nordosten. Etwa auf halber Strecke des Weges sollten wir einen Abstecher (links) zum Pfenniggrab unternehmen, einem jungsteinzeitlichen Dolmen; hier laden Sitzbänke am sagenumwobenen Herthasee **02** zur Rast ein. Nordöstlich des Sees liegt die Herthaburg. Die Herthaburg im Nationalpark Jasmund ist eine Wallburg

Nur wer weiß, wo er hinsegeln will, setzt die Segel richtig.
Jürg Meier, Schweizer Publizist und Schriftsteller

aus der Zeit der slawischen Besiedlung Rügens vom 8. bis zum 12. Jahrhundert. Die Anlage wurde auf einem vorhandenen Höhenrücken am nordöstlichen Ufer des Herthasees in der Stubnitz errichtet.

Von außen ist der Wall im nordöstlichen Bereich maximal 17 m hoch, von innen aber nur 8 m. Kurz hinter dem Ringwall der Herthaburg mündet der Weg in die Stubbenkammerstraße ein, der wir zum Aussichtspunkt Königsstuhl **03** an der Steilküste der Stubbenkammer folgen. Als

Stubbenkammer wird die unmittelbare Umgebung des markanten Kreidefelsens Königsstuhl bezeichnet. Links unten im seichten Wasser liegt der „Waschstein", ein tonnenschwerer Findling – vom Wasser der Ostsee bearbeitet. Ab dem Königsstuhl folgen wir der Markierung „Blaustrich" über den Hochuferweg nach Süden zur Viktoriasicht 📷 auf der Kleinen Stubbenkammer, die eine faszinierende Profilansicht des Königsstuhls gewährt. Zwischen Königsstuhl und Viktoriasicht besteht die Möglichkeit, einen Abstieg zum Strand zu unternehmen – aber Vorsicht! – bei Nässe ist der Serpentinensteig gefährlich glatt!

Wir folgen weiter dem Hochuferweg durch prachtvolle Buchenwälder am Rand der Kliffküste entlang zum Kollicker Ort **04**, wo sich erneut ein hervorragender Blick auf die Ostsee bietet – unten liegt das Kollicker Ufer. Kurz vor dem nächsten Bacheinschnitt verlassen wir den Hochuferweg und folgen einem Weg nach rechts, der mit „Grün-Weiß-Grün" markiert ist, landeinwärts im Wald (nach Westen). Wir stoßen nun auf die Landstraße (L 303), biegen nach rechts (Nordwesten) ab und wandern durch die „Straße Baumhaus Stubbenkammer" an reetgedeckten Häusern vorbei zum Ausgangspunkt in Hagen **01**.

Dein Moment für die Ewigkeit

Behalt den Überblick

Aus einer entsprechenden Distanz und einer höheren Position fotografiert wirken Motive gleich ganz anders. Hält der vermeintlich perfekte Standpunkt doch nicht die Erwartungen, probiere einen anderen. Es zahlt sich aus kleine Umwege in Kauf zu nehmen oder wieder an einen Standort zurückzugehen für ein Foto, das du dann für immer hast.

22 Malerische Kreidefelsen und atemberaubende Aussichten

Wanderung an oder auf der malerischen Kreidefelsenküste mit Aussichten, die das Fernweh wecken.

Bilder von: **Dustin Krehmke @rawstock.fotografie**

Rügen: Sassnitz – Königsstuhl – Lohme

06 **05**
04

Tourencharakter
Hochuferwanderung mit einigen Auf- und Abstiegen.

Start und Ziel
Parkplatz und Bushaltestelle „Wedding" am Nordende von
18546 Sassnitz.

Schwierigkeit: **leicht** - mittel - schwer
Dauer: **3:45 h**
Länge: **11,4 km**
Aufstieg **261 hm**
Abstieg **261 hm**

03

02

01

Höhenlinienmodell mit Streckenverlauf

Höhenprofil

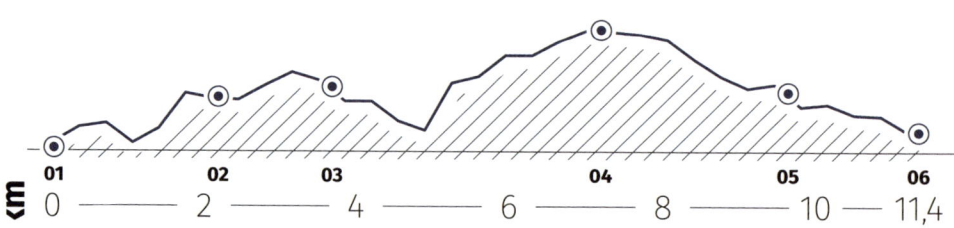

Wenn der Wind der Veränderung weht, suchen manche im Hafen Schutz, während andere die Segel setzen!

Unbekannt

Der Hochuferweg von Sassnitz nach Lohme ist die Königstour unter den Wanderwegen im Nationalpark Jasmund bzw. ganz Rügens. Er berührt alle Naturschönheiten und kulturellen Sehenswürdigkeiten der berühmten Kreidefelsenküste. Wer die Abstiegsmöglichkeiten zum Strand bzw. zu dem am Fuß der Kreidefelsen verlaufenden Strandweges wahrnimmt, muss reichlich Zeit einplanen.

▶ Die Wanderung startet beim Wasser auf der aussichtsreichen Sassnitzer Strandpromenade **01**. Am Ende der Promenade besteht nun die Möglichkeit, über die Strandpromenade (Strandroute) oder hochzusteigen zum Hochuferweg (Aufstiegsver-

bindung) auf die buchenbestandenen Abbruchkante der Kreideküste, um die Wanderung fortzuführen. Hart an der Kante, zwischen überhängenden Ästen alter Rotbuchen vorbei, immer wieder eindrucksvolle Tiefblicke durch die Felsabstürze zur Küste und Blick in Sonnenaufgangsrichtung hinaus auf die See lassen uns in Gedanken schwelgen. Der erste schöne Aussichtspunkt ist die Bläse, eine vortretende Kreidewand mit Blick zum Hengst.

An der Piratenschlucht (sagenumwobener Schlupfwinkel Störtebekers; Abstiegsmöglichkeit) vorbei geht es weiter zum Hengst, einem vorwendischen Burgwall und über

den Lenzer Bach hinweg zur Cäciliensicht. Nach etwa 2 km sind die Wissower Klinken 02, eine der malerischsten Felsformationen der Kreideküste, erreicht. 200 m entfernt informiert das UNESCO-Welterbeforum Waldhalle über den Nationalpark und das Welterbe „Alte Buchenwälder in Deutschland".

Von hier führt der Hochuferweg weiter zur Ernst-Moritz-Arndt-Sicht auf einem markanten Felsvorsprung, der ein exzellentes Panorama der kilometerlangen Kreideküste gewährt – ein vor allem an sonnigen Vormittagen unvergleichlicher Anblick. 1981 brachen bei diesem Vorsprung rund 150.000 m³ Kreidegestein ab, die See hat das Gestein bis heute noch nicht völlig abgetragen, sodass im Wasser eine deutliche Weißfärbung zu erkennen ist. Nun geht es in gegenläufiger Richtung durch den Buchenwald an der Abbruchkante des Hohen

Ufers zum Taleinschnitt des Kieler Bachs, wo eine Abstiegsmöglichkeit zum Wasserfall 03 am Kieler Ufer besteht. Der Hochuferweg führt weiter zur Abzweigung oberhalb des Kollicker Ufers und bald nach Passieren des Kollicker Orts warten die meistbesuchtesten Naturschönheiten der Kreidefelsenküste: Die Viktoriasicht auf der Kleinen Stubbenkammer gewährt eine ausgezeichnete Profilansicht des wenig später erreichten Königsstuhls 04 (Abstiegsmöglichkeit).

Nun biegt der Weg (Markierung „Blaustrich") kurz landeinwärts, wechselt an der Bushaltestelle rechts in den Wald und stößt beim Fundament des auf das Kap Arkona versetzten Leuchtfeuers Ranzow 05 über der Nordküste wieder auf das Hochufer. Auf diesem erfolgt dann der aussichtsreiche Schlussspurt nach Lohme 06.

Dein Moment für die Ewigkeit

Augen auf für Ungewöhnliches

Welche Bilder sprechen dich an? Als Fotograf muss man seinen Blick schärfen. Schau dir Bilder die dich fesseln genau an und versuche zu verstehen, was das Bild besonders macht. Schau dich auch einmal nach ungewöhnlichen Motiven um.

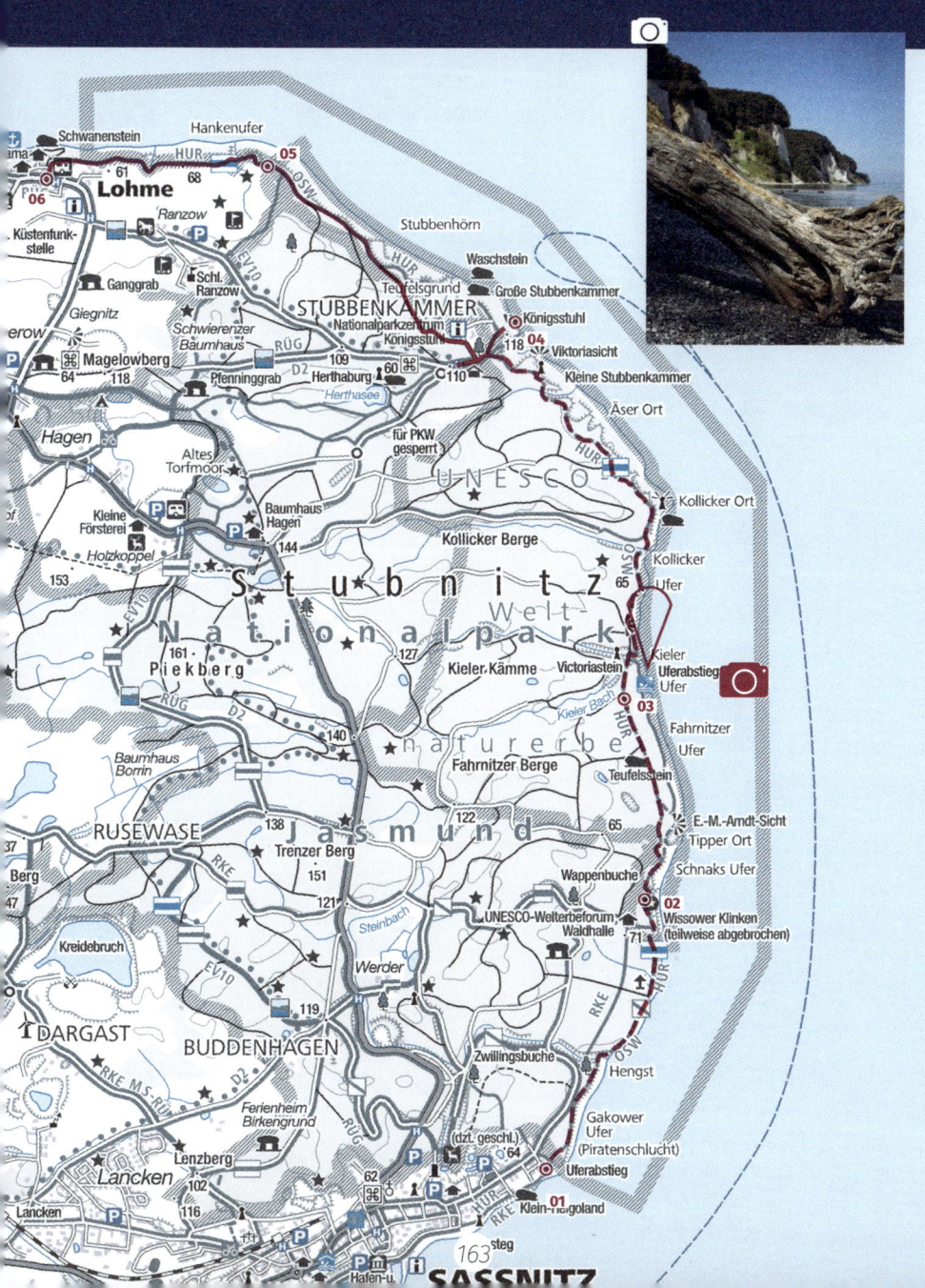

23 Stedar-Bucht –
Pflanzenvielfalt und die größte
Kolonie von Kormoranen
Paradies für Naturliebhaber und Vogelkundler.
Bilder von:
Bernd Meissner @bernimeissen

Bergen – Buschvitz – Pulitz

Tourencharakter
Leichte Stadt-, Wald- und Wiesenwanderung.

Start und Ziel
Marktplatz in der Altstadt von 18528 Bergen auf Rügen.

Schwierigkeit: leicht - **mittel** - schwer
Dauer: **5:00 h**
Länge: **18,6 km**
Aufstieg **140 hm**
Abstieg **140 hm**

Höhenlinienmodell mit Streckenverlauf

Höhenprofil

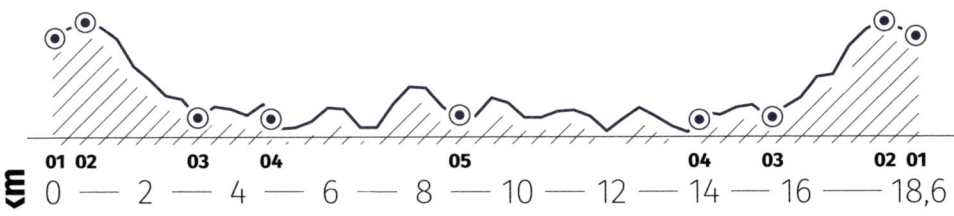

Ein wahrer Freund ist wie ein Leuchtturm. Er schenkt Geborgenheit, wenn man in seiner Nähe ist und in der Ferne ein Licht.

Nicole Oesterwind

Von der Bergener Altstadt führt diese abwechslungsreiche Wanderung zum Ernst-Moritz-Arndt-Turm auf dem Rugard, zum Dorf Buschvitz und auf den aussichtsreichen Mühlenberg, zur Streuobstwiese von Stedar und zur Adlerinsel Pulitz (Die Insel Pulitz ist aus Naturschutzgründen jedes Jahr ab dem 15. Januar bis zum 15. Juli gesperrt!).

▶ Vom Markt in Bergen **01** folgen wir der Vieschstraße hinauf zum Ernst-Moritz-Arndt-Aussichtsturm auf den Rugard **02**. Wir folgen nun der Markierung „Blaustrich", erst auf einem Waldweg und dann durch Grünland in das Dörflein Buschvitz **03**. Buschvitz, wo früher die Bergener Fischer auf den Kleinen und den Großen Jasmunder Bodden hinausfuhren (seit den 1860er Jahren trennt ein Damm den Großen und den Kleinen Jasmunder Bodden), gehörte bis zur Reformation dem Kloster Bergen; heute ist es ein Ausflugsziel mit einem Hotel und Ferienhäusern am Kleinen Jasmunder Bodden.

Hinter dem Dorf biegt der Weg rechts ab und führt auf den Mühlenberg **04** hinauf, der einen prachtvollen Blick auf den See Ossen, den Großen Jasmunder Bodden und auf unser Ziel, die Insel Pulitz im Kleinen Jasmunder Bodden, bietet . Nach der Siedlung Stedar, die wir durchwandern, liegt eine derzeit nicht mehr kultivierte Streuobstwiese; eine der wenigen noch erhaltenen Streuobstwiesen Rügens. Im Frühjahr verwandelt sie sich in ein wahres Blütenmeer. anschließend biegt der Weg nach rechts und führt auf die Insel Pulitz **05**, einem Naturschutzgebiet, das aus Naturschutzgründen jedes Jahr ab dem 15. Januar bis zum 15. Juli gesperrt ist.

Die höchste Erhebung auf der Insel ist der Königsberg mit 53 m. Alte Eichen und Linden bestimmen hier das Bild bei der Umrundung der Insel. Auf dem Rückweg kann man in Stedar den Bus nehmen, ansonsten wandert man geradeaus und folgt der Markierung „Blaustrich" zurück nach Bergen **01**.

Dein Moment für die Ewigkeit

Voll im Raster

Egal wie gut deine Fotoausrüstung ist, entscheidend ist der Bildaufbau. Bei den meisten Kameras (auch am Handy) kannst du dir ein Raster anzeigen lassen. Dieses Raster teilt das Bild horizontal und vertikal in jeweils drei Bereiche auf. Dein Hauptmotiv solltest du an einer der Schnittstellen positionieren, so kommt es besonders gut zur Geltung.

24 Neuer Glanz, alter Stil

Die nach historischen Vorbildern aus den 1920er Jahren rekonstruierte und 1998 eröffnete Seebrücke ist das alte und neue Wahrzeichen von Sellin; 394 m ragt sie in die Ostsee hinaus.

Bilder von: **Nico Kaiser @muxpix**

Rügen: Binz – Granitz – Sellin

Tourencharakter
Durch die Buchenwälder der Granitz Waldwanderung mit schönen Aussichtspunkten und einigen Auf- und Abstiegen.

Start und Ziel
Binz, Wendeplatz vor der Seebrücke beim Kurhaus. Anfahrt auf der B 196 Bergen auf Rügen – Baabe und in Serams abzweigen nach Binz.

Schwierigkeit: **leicht** - mittel - schwer
Dauer: **4:15 h**
Länge: **14,1 km**
Aufstieg **168 hm**
Abstieg **168 hm**

Höhenlinienmodell mit Streckenverlauf

Höhenprofil

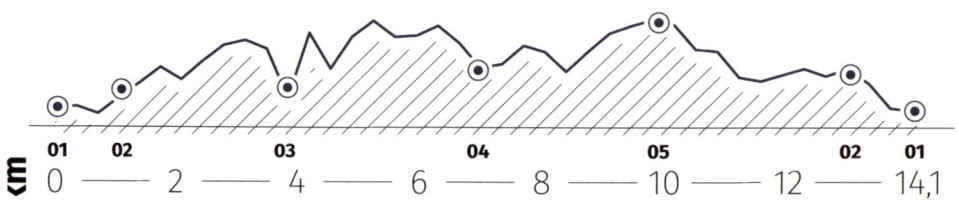

Vom Seebad Binz führt diese Wanderung aussichtsreich längs der Küste zum Seebad Sellin und durch die Buchenwälder der Granitz zurück.

▶ Vom Wendeplatz vor der Binzer Seebrücke **01** folgen wir der fahrradfähigen Strandpromenade rechts (südostwärts) in Richtung der Kliffküste zum Fischerstrand. Hier endet die Promenade und wir folgen dem Strandweg am Fuß der Klippen entlang weiter bis zur Teufelsschlucht.

Durch die Schlucht erfolgt der Aufstieg zum Hochuferweg, dem wir nun immer in stetem Auf und Ab durch die Wälder folgen. Erster markanter Punkt ist der bald erreichte Silvitzer Ort **02** (Abstecher), ein etwa 20 m hoher Aussichtsfelsen, von dem aus sich die gesamte Prorer Wiek überblicken lässt. Weiter geht es entlang dem Seehundsriff zum Küstenvorsprung Granitzer Ort **03**. Der Name „Seehundsriff" erinnert daran, dass sich hier bis ins 19. Jahrhundert ein Treffpunkt von Robben befand. Nun schwingt die Uferlinie ostwärts, und am aussichtsreichen Schanzenort erkennen wir schon den Strand von Sellin. Dort wandern wir von der Aussichtsstelle oberhalb der Seebrücke 📷 durch die Wilhelmstraße, die von Häusern der Bäderarchitektur gesäumte Prachtstraße von Sellin **04**, bis zur Kreuzung mit der Luftbadstraße (links) und der Kirchstraße (rechts). Wir biegen rechts in die Kirchstraße ein und folgen ihr über die Kreuzung mit der August-Bebel-Straße hinweg Richtung Mutter-Kind-Kurklinik und an der Klinik vorbei in die Wälder der Granitz hinein. An der nächsten Wegverzweigung besteht die Möglichkeit, links über das Jagdschloss Granitz nach Binz zurückzukehren (Markierung Rotstrich), doch wir folgen der Gelbstrichmarkierung geradeaus zum moorigen Schwarzen See **05** – ein schöner, stiller Platz im Rauschen der Wälder.

Vom Schwarzen See führt der Waldweg weiter zum Rastplatz an der Kreuzeiche. Von dort leitet die Gelbstrich-Markierung zurück zum Hochuferweg und zur Teufelsschlucht und anschließend weiter zur Binzer Seebrücke.

Von 1950 bis 1970 wurde im Brückenhaus fleißig getanzt.
In dieser Zeit verfiel leider auch die Bausubstanz.

Dein Moment für die Ewigkeit

Heb dich ab

Du willst ein einzigartiges Bild schießen, das sich von anderen Darstellungen abhebt? Dann mach das auch mit deinem Motiv. Nutze klare Kontraste, um dein Motiv vom Hintergrund abzuheben. Durch den tiefen Standpunkt wächst das Seebad klar über den Horizont und zeichnet so klare Konturen.

25 Feine Dame in Weiß und Fährfahrt-Feeling am Selliner See

Die Seebrücke von Sellin! ein Erlebnis die wohl kürzeste Fährverbindung Deutschlands und der flache Selliner See.

Bilder von: **Christine Kurzweg**
@kurzeslicht

Sellin – Baabe – Selliner See

Tourencharakter
Wanderung auf radfähigen Wegen.

Start und Ziel
Am Ende der Wilhelmstraße oberhalb der Seebrücke in 18586 Sellin.

Schwierigkeit: **leicht** - mittel - schwer
Dauer: **3:30 h**
Länge: **10,7 km**
Aufstieg **89 hm**
Abstieg **89 hm**

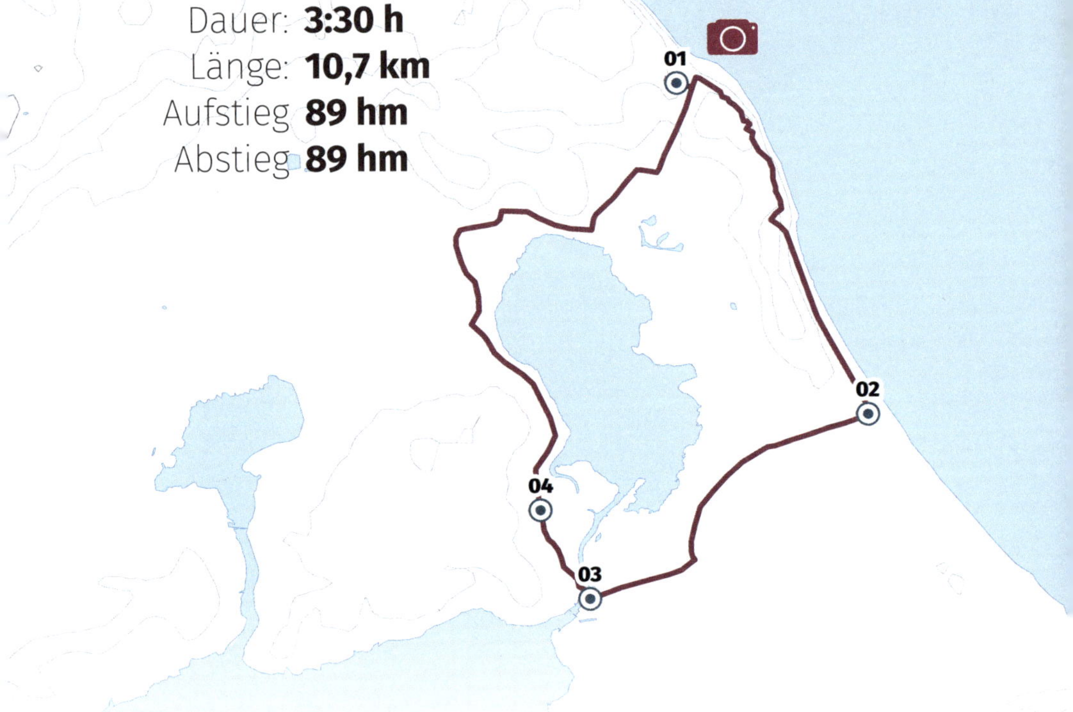

Höhenlinienmodell mit Streckenverlauf

Höhenprofil

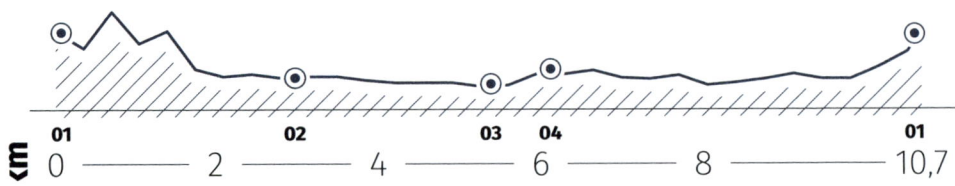

Wenn das Schiff auf falschem Kurs ist, genügt es nicht, den Kapitän auszuwechseln – man muß den Kurs ändern.

Pavel Kosorin, tschechischer Aphoristiker

Vom Seebad Sellin führt diese Wandertour längs der Ostseestrände zum Seebad Baabe, dann landeinwärts zur aussichtsreichen Moritzburg und längs des Selliner Sees zurück.

▶ Am aussichtsreichen Ausgangspunkt, dem seeseitigen Ende der Wilhelmstraße in Sellin **01** oberhalb der Seebrücke **O**, sollte man sich je nach Wetter für eine der beiden Varianten für die Wanderung entscheiden: Entweder man folgt dem Hochuferweg (Markierung „Schwarzstrich" nach Südosten) in Richtung Baabe, oder man steigt die 99 Stufen zur Seebrücke hinab und geht längs des Strandes rechts (Südosten) in Richtung Baabe. Beide Va-

rianten treffen am Selliner Südstrand wieder zusammen. Wir wandern die Variante über den Hochuferweg steil hinab zum Südstrand an vielen Aussichtspunkten vorbei mit Blick auf die Weite der Ostsee. Hier bekommen wir den Wind um die Nase geblasen, die Sorgen verschwinden auf sagenhafte Weise! Die gemeinsame Route (Hochufer oder Strand) gibt die durchgehende, nachts beleuchtete Promenade nach Baabe **02** vor.

Beim Kurpark verlassen wir die Promenade und folgen der Strandstraße landeinwärts. Wir queren die Bundesstraße (Göhrener Chaussee, rechts der Kleinbahnhof des Rasenden Roland), halten

uns links in Dorfstraße, biegen an deren Ende rechts ab in die Bollwerkstraße zum Baaber Bollwerk. Ein Fährmann **03** besorgt das Übersetzen (nur Personen und Fahrräder) über die Baaber Bek, die Verbindung zwischen Selliner See und Havin. Diese Fähre verkehrt auf der wohl sicher kürzesten Fährverbindung Deutschlands: 49 Meter beträgt die Distanz, und als Fähre reicht dem Fährmann ein Ruderboot, angetrieben durch nichts als pure Muskelkraft. Dahinter lädt auf einem Hügel die Moritzburg **04** zur Rast, ein Ausflugsrestaurant, das einen exzellenten Blick auf den Selliner See und auf die Halbinsel Mönchgut gewährt. Nach der Moritzburg stoßen wir nun auf den Fahrradweg, halten uns erst rechts, dann links

und am Westufer des Naturschutzgebietes Selliner Sees vorbei nach Norden. Das Naturschutzgebiet Neuensiener und Selliner See ist ein aus drei Teilen bestehendes und 234 Hektar umfassendes Naturschutzgebiet. Die Unterschutzstellung erfolgte am 12. September 1990 im Rahmen der Gründung des Biosphärenreservats Südost-Rügen.

Wir erreichen die Bundesstraße B 196 (Seestraße), biegen rechts ab und folgen dieser bis zur Hauptstraße von Sellin, in die wir nach links auf dem Fahrradweg weiterwandern. Über die Granitzer Straße und Wilhelmstraße erreichen wir wieder unseren Ausgangspunkt Sellin **01** oberhalb der Seebrücke.

Dein Moment für die Ewigkeit

Der richtige Rahmen

Durch Framing, die Einrahmung deines Bildes im Vordergrund, kannst du effektiv Tiefe erzeugen. Oft werden Blätter, Blüten, Zweige und sogar Höhlenausgänge als Rahmen um das Hauptmotiv gelegt. Dabei muss dein Rahmen nicht immer durchgängig sein. Der Bogen um die Seebrücke bildet eine tolle Umrahmung für das Sonnenuntergangsspektakel.

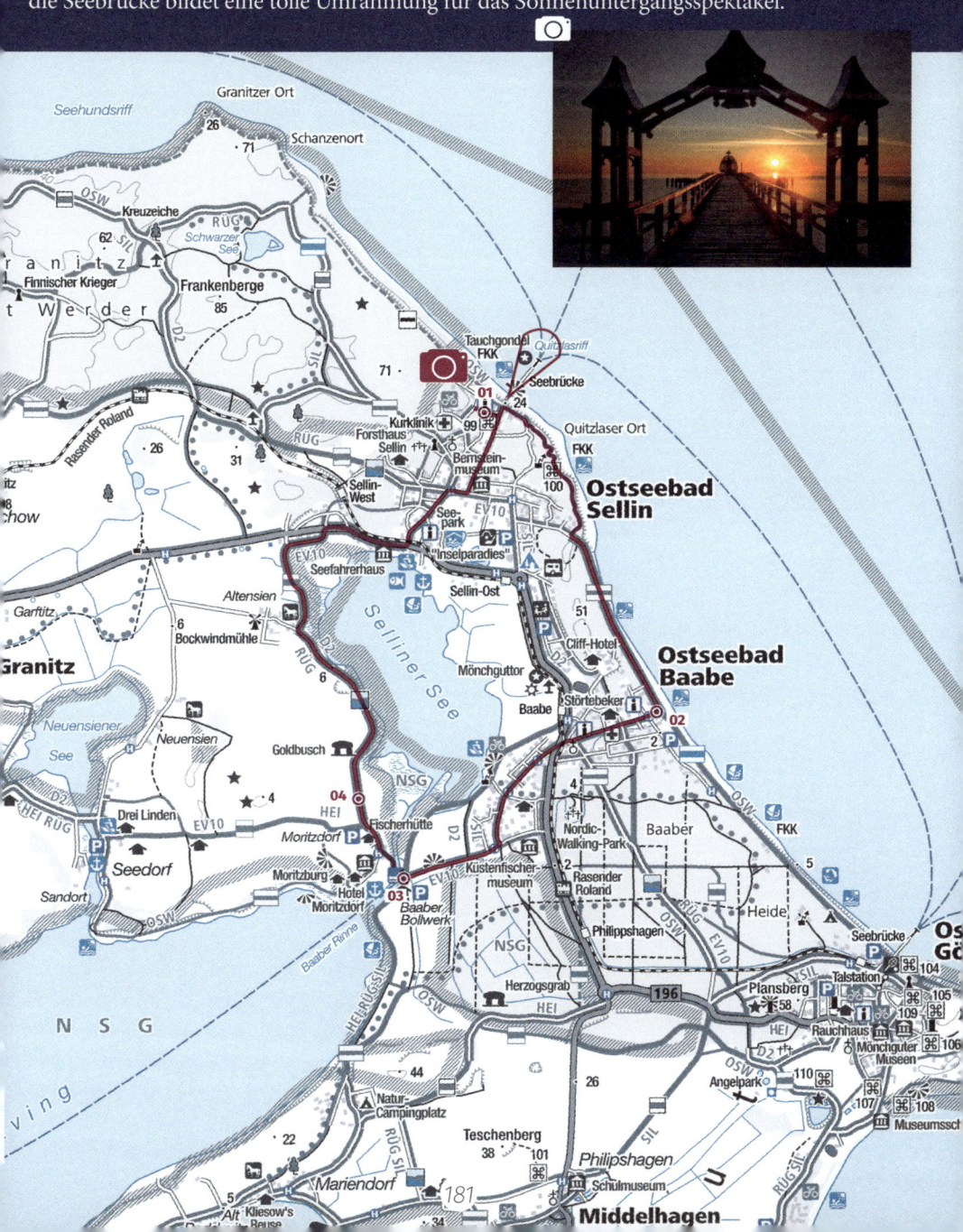

26 „Perde" und Kliffranddüne

Vom Vorsprung (Südperd) in die Ostsee bei Thiessow über den Strand nach Lobber Ort zur Kliffranddüne.

Bilder von:
Christine Kurzweg @kurzeslicht

Rügen: Thiessow – Lobber Ort

Tourencharakter
Leichte, aussichtsreiche Küstenwanderung; Dünenwaldweg.

Start und Ziel
Bushaltestelle Thiessow-Ort (man kann auch an der Haltestelle Thiessow-Wendeplatz aussteigen, näher an der See) in 18586 Thiessow.

Schwierigkeit: **leicht** - mittel - schwer
Dauer: **4:00 h**
Länge: **14,1 km**
Aufstieg **85 hm**
Abstieg **85 hm**

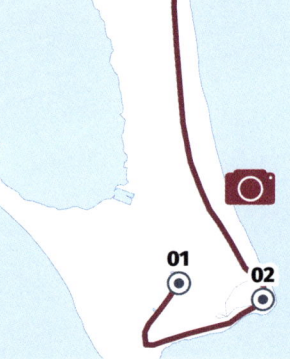

Höhenlinienmodell mit Streckenverlauf

Höhenprofil

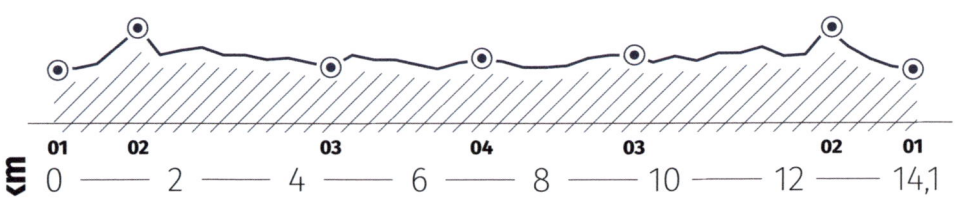

Die Wanderdünen lieber auf der Stelle blieben, doch vom Wind werden sie zum Wandern getrieben.

Monika Kühn-Görg, Autorin, Aphoristikerin

Vom Bade- und Surfparadies Thiessow an der Südspitze der Halbinsel Mönchgut führt diese abwechslungsreiche Strand-, Bade- und Dünenwäldchen-Wanderung längs der Ostküste zum Lobber Ort, einem Kliff mit Kliffranddüne und Strand.

▶ Ab der Bushaltestelle und Tourist-information in Thiessow **01** folgen wir der Stichstraße nach Südwesten in Richtung des Ortsteils Klein Zicker und biegen in der Rechtskurve links (Osten) mit der Markierung „Gelbstrich" auf den Hoch-uferweg ab (der Haupt-Surfort von Thies-sow liegt in Richtung Klein Zicker). Der aussichtsreiche Wanderweg führt zum Südperd **02**. Der Begriff „Perd" kommt

aus dem Slawischen und besagt soviel wie „Vorsprung". 1905 wurde, um das Kliff vor der Brandung zu schützen, eine 350 Meter lange Mauer am Südperd errichtet. Von der 36 m hohen Anhöhe hat man einen fantastischen Panoramablick. Im Süden ist vor der Nordspitze der Insel Usedom die stockähnlich schmale Insel Ruden zu er-kennen; bis ins Hochmittelalter hinein soll die Halbinsel Mönchgut fast bis Ruden ge-reicht haben, dann zerschlug im Jahr 1304 die Allerheiligenflut diesen Südausläufer der Mönchgut-Halbinsel.

Vom Südperd wandern wir über den ehe-maligen Lotsenberg ⬛ auf einem Serpen-tinenweg zum feinsandigen Strand hinun-

ter bis zum Strandcafé. Der Strand gibt nun die Route bis Lobbe vor, ganz im Norden zeigt sich Rügens „Ostkap", der Nordperd.

Bei dem Nordperd, auch Göhrener Höft genannt, handelt es sich um eine bewaldete Landzunge, die von Göhren ausgehend weit in die Ostsee hineinragt. 60 Meter über dem Meer bietet sich bei klarer Sicht von dieser höchsten Erhebung Göhrens und gleichzeitig östlichstem Punkt der Insel ein weiter Blick über die See bis hin zur Küste Usedoms, der Greifswalder Oie und in Richtung Nordwesten über Sassnitz hinaus bis zur Kreideküste Jasmunds.

Bei schönem Wetter im Sommer wird der 4 km lange Strand überwiegend textilfrei genutzt. Parallel zum Strand verläuft im Dünenwäldchen ein Wanderweg mit der Markierung „Gelbstrich", sodass man sich für die Alternativroute entscheiden kann. Wer die Wanderung durch den Abstecher in die Zickerschen Alpen **03** ergänzen will, zweigt bei der Bushaltestelle Richtung Groß Zicker ab.

Am Lobber Ort **04**, einem 19 m hohen Kliff, bietet sich erneut ein hervorragendes Panorama; am Fuße in der See der Fritz-Worm-Stein, ein 46 Tonnen schwerer Findling. Vom Lobber Ort (in Lobbe befindet sich auch eine Bushaltestelle) kehren wir auf derselben Route im Dünenwäldchen oder am Strand zurück nach Thiessow **01**.

Dein Moment für die Ewigkeit

Linienführung

Linien und Formen geben dem Auge eine Richtung und Orientierung. Versuche diese daher in deinen Bildaufbau mit einzuplanen. Hier bildet einerseits die Waldgrenze, andererseits das Meer zwei Linien, welche am Horizont zusammenführen. Dies leitet den Blick des Betrachters in die Ferne.

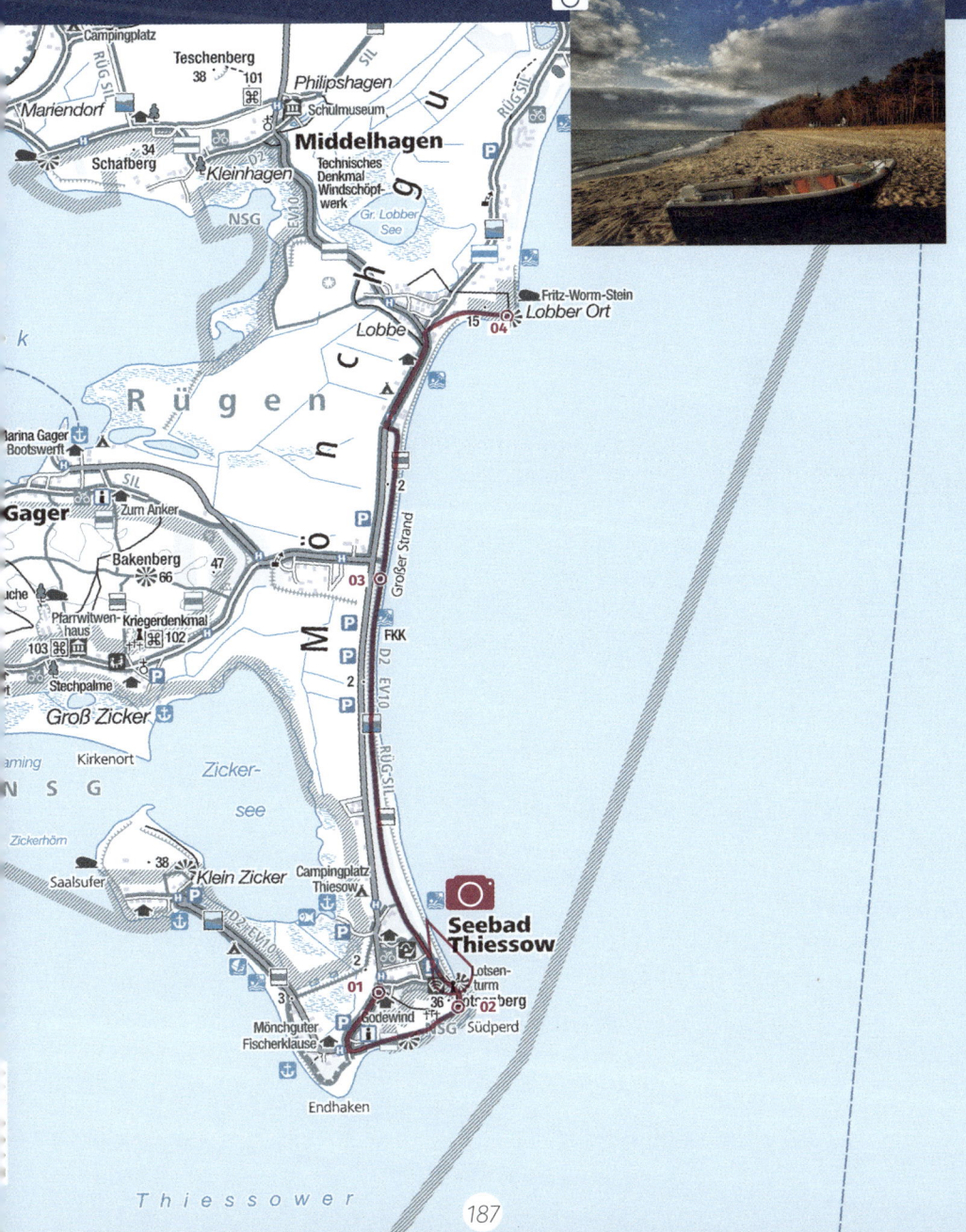

27 Alpen an der Ostsee?

Über die Zickerschen Alpen zum sagenumwobenen Nonnenloch auf naturnahen Pfaden. Reethäuser
säumen den Weg und auch die Kulinarik kommt
nicht zu kurz.

Bilder von: **Bernd Meissner**
@bernimeissner

Rügen: Zickersche Alpen

Tourencharakter
Leichte, aussichtsreiche Hügel- und Küstenwanderung auf überwiegend nicht fahrradfähigen Pfaden und Wegen.

Start und Ziel
Bushaltestelle Abzweig Gager am Großen Strand; hier befindet sich auch ein Parkplatz in 18586 Gager, Boddenstraße.

Schwierigkeit: **leicht** - mittel - schwer
Dauer: **3:15 h**
Länge: **10,6 km**
Aufstieg **110 hm**
Abstieg **110 hm**

Höhenlinienmodell mit Streckenverlauf

Höhenprofil

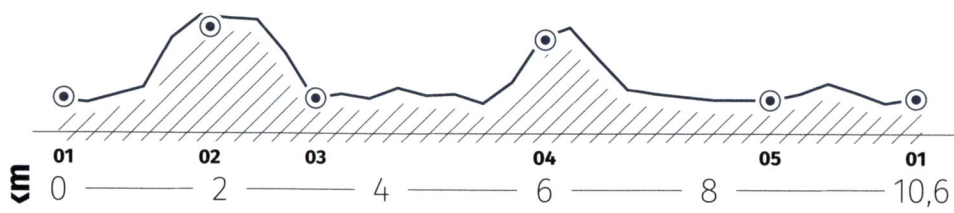

Das Flüstern des Windes, das Rauschen der See schenken einem das Glück, einfach zu existieren.

n.n.

Die sanft hügelige Moränenlandschaft der von vielen Schafen beweideten Zickerschen Alpen schwingt sich bis zu einer Höhe von 66 Meter himmelwärts und bietet wundervolle Ausblicke auf den gesamten Südosten Rügens, zur Greifswalder Oie, nach Stralsund und zur Insel Vilm. Zum Baden lockt das sagenumwobene Nonnenloch, in Gager und Groß Zicker erwartet uns wiederum Reethausromantik und Räucherfisch.

▶ Vom Großen Strand **01** wandern wir mit den Markierungen „Gelbstrich" und „Grünstrich" landeinwärts in Richtung Gager/ Groß Zicker, halten uns an der Kreuzung (hier die Bushaltestelle „Abzweig Groß Zicker") links Richtung Groß Zicker und

wechseln gleich darauf rechts in das Naturschutzgebiet Zicker. Im Krassental leitet der Pfad aufwärts und erreicht als ersten „Gipfel" der sogenannten Zickerschen Alpen den Bakenberg **02** 📷 mit einer Höhe von 66 m, der mit einer exzellenten Rundumsicht zum Rasten und Verweilen einlädt. Im Osten sehen wir die Insel Usedom, im Norden das Göhrener Nordperd und die Hügel der Granitz und im Westen Putbus und Bergen. Nun erreichen wir eine Kreuzung mit zwei Möglichkeiten zum Weiterwandern. Entweder wir halten uns rechts nach Gager, dann kommt gleich danach der Abstieg zum Strand oder wir bleiben auf dem Kammweg und gelangen, nach Überquerung des Zickerschen Bergs, auf die

Route mit der Markierung „Gelbstrich". Auf einer der beiden Hauptwanderrouten wandern wir abwärts in das einstige Fischerdorf Gager **03** an der Hagenschen Wiek, wo man den Fischern zusehen kann, wie sie vom Fischfang heimkehren. Ab Gager folgen wir nun der Markierung „Gelbstrich" auf dem Hochuferweg westwärts und kommen zur Kreuzung oberhalb des Nonnenlochs **04** – eine Treppe führt hinab. Der Abstieg erfolgt zum Nonnenloch, einer gewaltigen Erosionsrinne, in gerader Westlinie zum Steilufer.

Durch einen kleinen Wald stapft man an der unheimlichen Grube vorbei, in welche in düsteren Tagen angeblich Nonnen ge-

schafft worden sein sollen, welche „sich vergangen hatten".

Nach diesem Abstecher geht es mit der Markierung weiter in das Dorf Groß Zicker **05**, eines der am besten erhaltenen ehemaligen Mönchguter Bauerndörfer. Bekanntestes Gebäude ist das Pfarrwitwenhaus, ein Lehmfachwerkhaus von 1723 und die Backsteinkirche (14. Jh.) mit ihren bunten Glasfenstern. Weiters gibt es im Ort einen kleinen Fischereihafen, wo frisch geräucherter Fisch aus der Räuchertonne erworben werden kann. Wir wandern weiter durch den Ort und biegen an der K 8 rechts ab (Osten) zu unserem Ausgangspunkt am Großen Strand **01**.

Dein Moment für die Ewigkeit

Brennweite – Belichtungszeit

Grundsätzlich gilt der doppelte Brennweitenwert für die Belichtungszeit als Garant gegen verwackelte Bilder. Beispielsweise bei einer Brennweite von 50 mm sollte man mit mindestens 1/100 belichten. Wird es zu dunkel brauchst du ein Stativ oder du gehst mit der ISO etwas hoch (zum Beispiel ISO: 500).

28 Der Weiße Berg

Großsteingräber und einer der schönsten Aussichtspunkte auf der Halbinsel Gnitz – dem Weißen Berg.

Bilder von:
Ulrike Eisenmann @lakeartphotography

Usedom: Zum Möwenort auf dem Gnitz

Tourencharakter
Abwechslungsreiche Rundwanderung über die
Halbinsel Gnitz.

Start und Ziel
Parkplatz an der Straße von 17454 Zinnowitz
nach 17440 Lütow.

Schwierigkeit: leicht - **mittel** - schwer
Dauer: **5:00 h**
Länge: **16,0 km**
Aufstieg **80 hm**
Abstieg **80 hm**

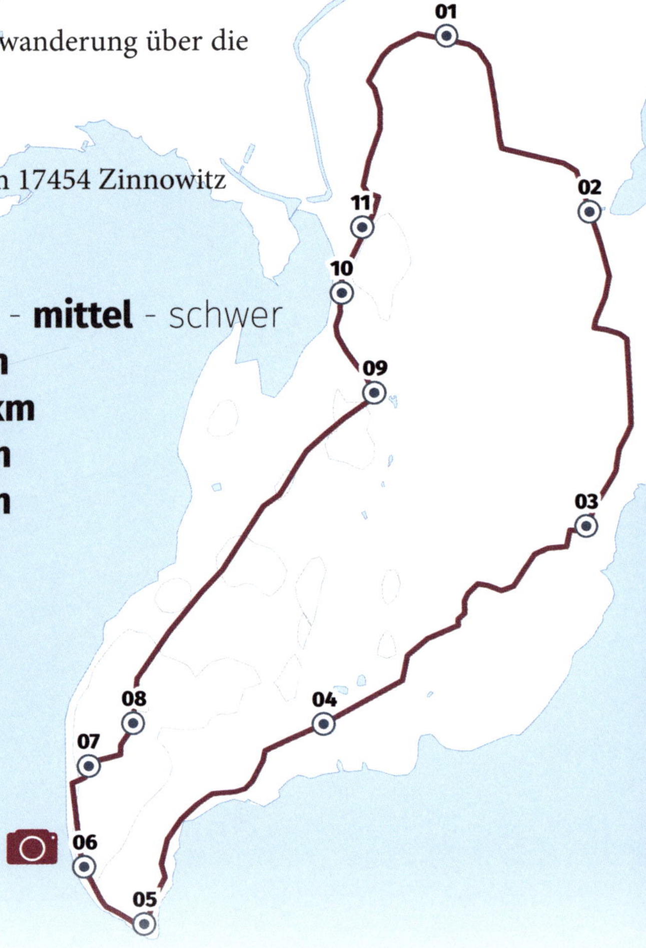

Höhenlinienmodell mit Streckenverlauf

Höhenprofil

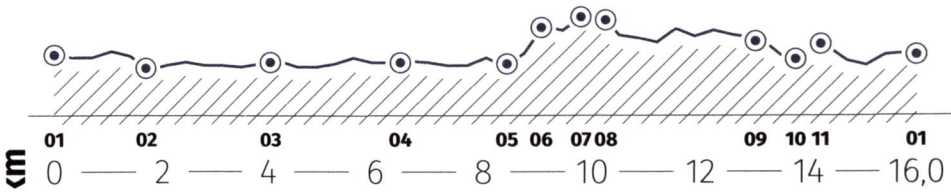

> Man kann keine neuen Ozeane entdecken, hat man nicht den Mut, die Küste aus den Augen zu verlieren.
>
> André Gide, französischer Schriftsteller, 1869–1951

Die Halbinsel Gnitz ist etwas ruhiger als man es auf Usedom sonst so gewohnt ist. In der hügeligen Landschaft verstecken sich mitunter wunderschöne Strände (am Achterwasser an der Ostseite der Halbinsel), die sich bestens für eine Erfrischung eignen. Der Weiße Berg, der seinem Namen alle Ehre macht (auch wenn er nur 32 m hoch ist), ist gekennzeichnet durch seine schroff abfallende Steilküste. Den Ausblick von seinem Gipfel sollte man sich nicht entgehen lassen!

▶ Vom Parkplatz **01** aus startet unsere Wanderung auf dem alten Plattenweg durch den Wald in Richtung Achterwasser (Richtung Südosten). Auf einem schmalen Pfad an der Mellsee-Bucht **02** entlang geht es weiter auf einem breiten Feldweg. Vorbei an Viehweiden und kleinen Erdölförderanlagen erreichen wir Netzelkow **03**. Dder Yachthafen des Ortes befindet sich am Achterwasser, einer Ausbuchtung des Stettiner Haffs. In Netzelkow rechts ab gelangt man über einen Feldweg zu einem frühgeschichtlichen Steingrab. Dieses Grab ist das letzte einigermaßen erhaltene Großsteingrab auf der Insel Usedom. Es handelt sich hier um ein Ganggrab vom Typ Holsteiner Kammer. Nachdem man schon im Jahre 1907 zwei große Steingräber bei Lütow gesprengt hatte, nahm man 1936 Untersuchungen an der steinzeitlichen Anlage vor. Die Ausgrabungen lieferten zahlreiche Funde, darunter

mehr als 20 Keramikgefäße, 11 Flintbeile, 10 Flintmeißel, 110 Flintklingen und Bernsteinschmuck. Sie befinden sich heute im Landesmuseum Stettin.

Unser nächstes Ziel ist der Ort Lütow 04. Wir folgen nun dem Wegweiser „Möwenort" zum Naturschutzgebiet „Südspitze Gnitz" am schilfbewachsenen Ufer entlang. Möwenort 05 ist der südlichste Punkt der Halbinsel. Nun geht es in kurzem, aber steilem Anstieg hinauf auf den 32 m hohen Weißen Berg 06 🄾, der uns mit einer faszinierenden Aussicht über das Achterwasser belohnt. Der Blick auf das Krumminer Wiek und den Peene-strom hat vor allem in den Abendstunden seinen besonderen

Reiz. Wind und Wellen formen den Berg, der geprägt ist durch urwüchsige Kiefern und Usedoms größte Uferschwalbenkolonie. Seinen Namen erhielt der Weiße Berg durch den hellen Sand an der Kliffkante. Wir wandern Richtung Norden, rechts zum Campingplatz 07 und vor zur Zeltplatzstraße. An der Straße links ab, vorbei am Naturcamping Usedom 08 (ca. 250 m), dann links auf einem Waldweg weiter Richtung Norden nach Neuendorf 09.

Am Ortseingang links (Nordwesten) wandern wir nochmals zur Bucht des Krumminer Wieks 10 und rechts (Norden) über den Buchberg 11 zurück zum Parkplatz 01, dem Ausgangspunkt unserer Wanderung.

Dein Moment für die Ewigkeit

Eyecatcher

Das Bild ist ein wahrer Eyecatcher. Die dargestellte Szenerie übermittelt dem Betrachter eine wohlig warme, romantische Abendstimmung. Inmitten dieser Idylle treibt das Segelschiff über die ruhige See. Versuche mit deinen Bildern eine Geschichte zu erzählen und Emotionen beim Betrachter zu wecken. An einem Bild, in welches man sich hineinfühlen kann, bleibt der Blick garantiert hängen.

29 Reetgedeckte Häuser, Fischerkaten und Achterwasser

Der Lieper Winkel war jahrhundertelang unbekanntes Land – abgelegen, einsam und noch dünner besiedelt als andere Gegenden der Insel. Unberührte Natur und viel Sehenswertes machen das Achterland wanderbar.

Bilder von:
Ulrike Eisenmann @lakeartphotography

Usedom: Halbinsel Lieper Winkel

Tourencharakter
Abwechslungsreiche Rundwanderung
in unberührter Landschaft.

Start und Ziel
Halbinsel Lieper Winkel in
17406 Rankwitz.

Schwierigkeit: leicht - **mittel** - schwer
Dauer: **5:00 h**
Länge: **18,3 km**
Aufstieg **75 hm**
Abstieg **80 hm**

Höhenlinienmodell mit Streckenverlauf

Höhenprofil

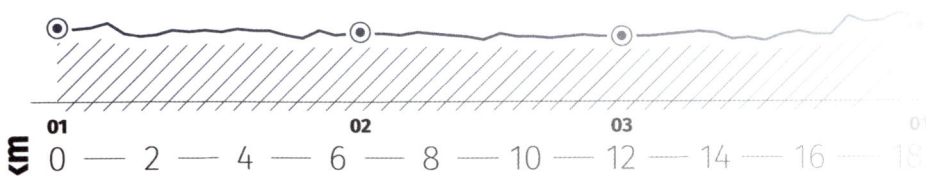

Wenn man die Natur wahrhaft liebt, so findet man es überall schön.

Vincent van Gogh, niederländischer Maler und Zeichner, 1853–1890

Der Lieper Winkel ist eine rund 20 km² große Halbinsel, die im Süden über eine Landenge mit der Insel Usedom verbunden ist. Auf der Halbinsel zwischen Peenestrom und Achterwasser findet man noch Ruhe und Idylle abseits des großen Tourismus. Reetgedeckte Fachwerkhäuser verleihen dem Lieper Winkel einen besonderen Charme.

▶ Wir starten die Wanderung am Hafen von Rankwitz **01**, halten uns nach Norden und wandern weiter nach Qulitz. Das alte Fischerdorf liegt idyllisch direkt am Peenestrom im Lieper Winkel. Hier findet man viele Häuser in Fachwerk mit Rohrdach und Fischerkaten aus dem 19. Jahrhundert. Qui-

litz war 1914 Fundort eines 5,5 kg schweren Silberschatzes (Münzen + Schmuck). Ein Feldweg führt uns weiter in das verträumte Fischerdörfchen Warthe **02** 📷. Das Dörfchen Warthe scheint so vor sich hinzuträumen, deswegen lohnt es sich hier zu verweilen und die schöne Gegend zu erkunden. Manchmal kann man auch den Fischern bei der Arbeit zusehen. In der Nähe des Gutshofes findet man ein blaues Haus mit einem wild bewachsenen Vorgarten.

Dieses Haus hat schon so manche Ansichtskarte geschmückt. Wir biegen links ab, folgen dem Peeneweg nach Nordwesten und gelangen auf das wohl schönste Wegstück der Tour – am Achterwasser entlang. Das

Achterwasser ist die seeartige Boddenlandschaft rückseitig zwischen der Insel Usedom und dem nahen Festland gelegen. Steilküsten, von Schilf umsäumte Ufer und kilometerlange Deichkämme prägen den Reiz dieses romantisch anmutenden Landstriches.

Die fantastische Natur und die unglaubliche Ruhe laden zum Verweilen und Relaxen ein. Viele Zugvögel lassen sich im Frühjahr und Herbst auf diesem Streckenabschnitt beobachten. An der nächsten Kreuzung verlassen wir den Uferweg und biegen nach rechts in Richtung Reestow **03** ab und weiter nach Liepe. Der Ort liegt im Herzen des Lieper Winkels und hat eine der ältesten Kirchen auf Usedom. Der Name Liepe geht auf das slawische „Lipa" (Linde) zurück und war Namensgeber für die gesamte Halbinsel. In der Mitte des malerischen Dorfes steht die älteste Kirche der Insel Usedom – die St.-Johannes-Kirche, die 1216 erstmals urkundlich erwähnt wurde.

Durch offene Flächen und Waldpassagen geht es, vorbei am Lieper Berg und dem Schwarzer Berg, zurück zum Ausgangspunkt nach Rankwitz **01**. Wer von der Tour hungrig ist, sollte sich hier einen frischen Fisch bestellen.

Dein Moment für die Ewigkeit

Schau dich um

Immer nur auf Augenhöhe zu fotografieren wird auf Dauer eintönig. Fange ein Motiv von unterschiedlichen Standpunkten aus ein und vergleiche das Ergebnis. Eine außergewöhnliche Perspektive macht dein Bild interessant. Schau also bei deinem nächsten Shooting auch öfter mal nach oben!

30 Kaiserbäder Romantik

Die Küste mit den drei Schwesten, Bansin, Heringsdorf und Ahlbeck zählen mit ihren Seebrücken zu den schönsten Sehenswürdigkeiten auf Usedom.

Bilder von: **Ulrike Eisenmann**
@lakeartphotography

Usedom: Kaiserbäder Bansin – Heringsdorf – Ahlbeck

Tourencharakter
Einfache Wanderung entlang der Strandpromenade, gut geeignet für Familien mit Kindern. Planen Sie mit Kindern für Stopps unterwegs am Strand mehr Zeit ein. Für den Rückweg bietet sich die Schifffahrt als Höhepunkt für die Kleinen an.

Start und Ziel
Bahnhof, 17429 Bansin.

Schwierigkeit: **leicht** - mittel - schwer
Dauer: **1:30 h**
Länge: **10,1 km**
Aufstieg **30 hm**
Abstieg **30 hm**

Höhenlinienmodell mit Streckenverlauf

Höhenprofil

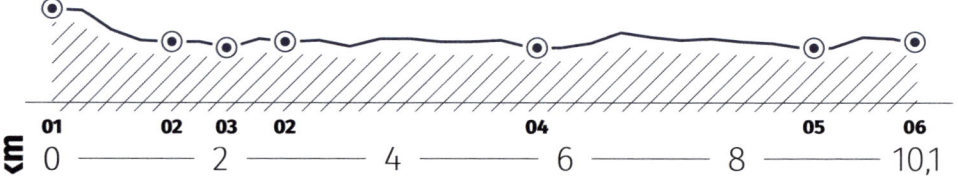

208

Warum ist das Meer der König aller Flüsse und Ströme? Weil es niedriger liegt als sie.

Lao-tse, chinesischer Philosoph, geb. 571 v. Chr.

Wie die Perlen einer Kette säumen die mondänen Villen des ausgehenden 19. und beginnenden 20. Jhs. die Strandpromenade von Bansin. Auf der Kaiserbäderpromenade von Bansin über Heringsdorf nach Ahlbeck zu flanieren ist wie eine Reise in längst vergangene Zeiten. Prunk und Glanz des Ensembles sind heute herrschaftlicher denn je.

▶ Wir starten die Wanderung beim Bahnhof von Bansin **01**. Bansin gehört zu den drei sogenannten „Kaiserbädern" der Insel Usedom, 1897 eigens zu Zwecken des Badebetriebes gegründet. Die Ahlbecker Chaussee nach Südosten biegen wir links in die Seestraße ein und folgen ihr nach Nordosten direkt zur Strandpromenade **02**. Ein

Abstecher zur Seebrücke von Bansin **03** 📷 lohnt sich auf jeden Fall, haben wir doch hier einen freien Blick über die Ostsee und die Villen im Stil der Bäderarchitektur. Vom Kaiserbad Bansin wandern wir in südwestlicher Richtung nach Heringsdorf.

Das Seeheilbad ist neben den benachbarten Badeorten Ahlbeck und Bansin eine der drei schönen Schwestern der Kaiserbäder. Nach 1990 wurden viele Gebäude der Bäderarchitektur reprivatisiert und im Rahmen der Städtebauförderung aufwendig saniert. Der Ort putzte sich im besten Sinne des Wortes heraus und ist buchstäblich eine touristische Perle an der Ostsee. Unweit der Strandpromenade in Herings-

dorf befindet sich die Villa Irmgard. Sie war einst Wohnstätte zahlreicher prominenter Bewohner wie etwa Maxim Gorki. Heute dient die Villa als Museum für Literatur- und Regionalgeschichte. Weiter der Strandpromenade folgend gelangen wir zu einem schönen Rosengarten und schließlich in das Zentrum des Ostseebades mit der Konzertmuschel und Deutschlands längster Seebrücke **04** (508 m). Architektonisch folgt hier ein Schmuckstück der Bäderarchitektur auf das andere. Wir folgen der Kaiserpromenade weiter, bis wir schließlich das dritte Kaiserbad, Ahlbeck, erreichen direkt an der polnischen Grenze und zum polnischen Badeort Swinemünde. Auch hier führt eine Seebrücke hinaus auf das Meer. An ihrem Fuße, am Seebrückenplatz, ist die gusseiserne Jugendstiluhr

nennenswert, die 1911 von einem Kurgast gestiftet wurde. Die Seebrücke **05** selbst ist noch älter. Sie wurde im Jahr 1898 erbaut und gilt damit als älteste erhaltene Seebrücke der Ostsee. Für den Rückweg bieten sich drei Varianten an: Wer wieder exakt zum Ausgangspunkt chauffiert werden möchte, der wandert durch das Zentrum von Ahlbeck (vorbei am Rathaus) zum Bahnhof Ahlbeck **06** und fährt von dort mit der Usedomer Bäderbahn direkt zum Bahnhof Bansin **01** zurück.

Eine schöne Alternative ist die Fahrt mit dem Schiff: An der Seebrücke **05** legen die Schiffe der Reederei Adler ab, die uns bequem wieder in Bansin an der Seebrücke **03** absetzen. Die dritte Variante ist, einfach barfuß am Strand zurückzulaufen.

Dein Moment für die Ewigkeit

Inspiration – Perfektion

Orientiere dich an Bildern die dir gefallen und versuche zu analysieren, welche Elemente dir besonders wichtig sind. Von den Besten lernt man auch am schnellsten. Oft sind es wenige wiederkehrende Faktoren die man sich lieber abschaut, als mühsam selbst erkennen muss.

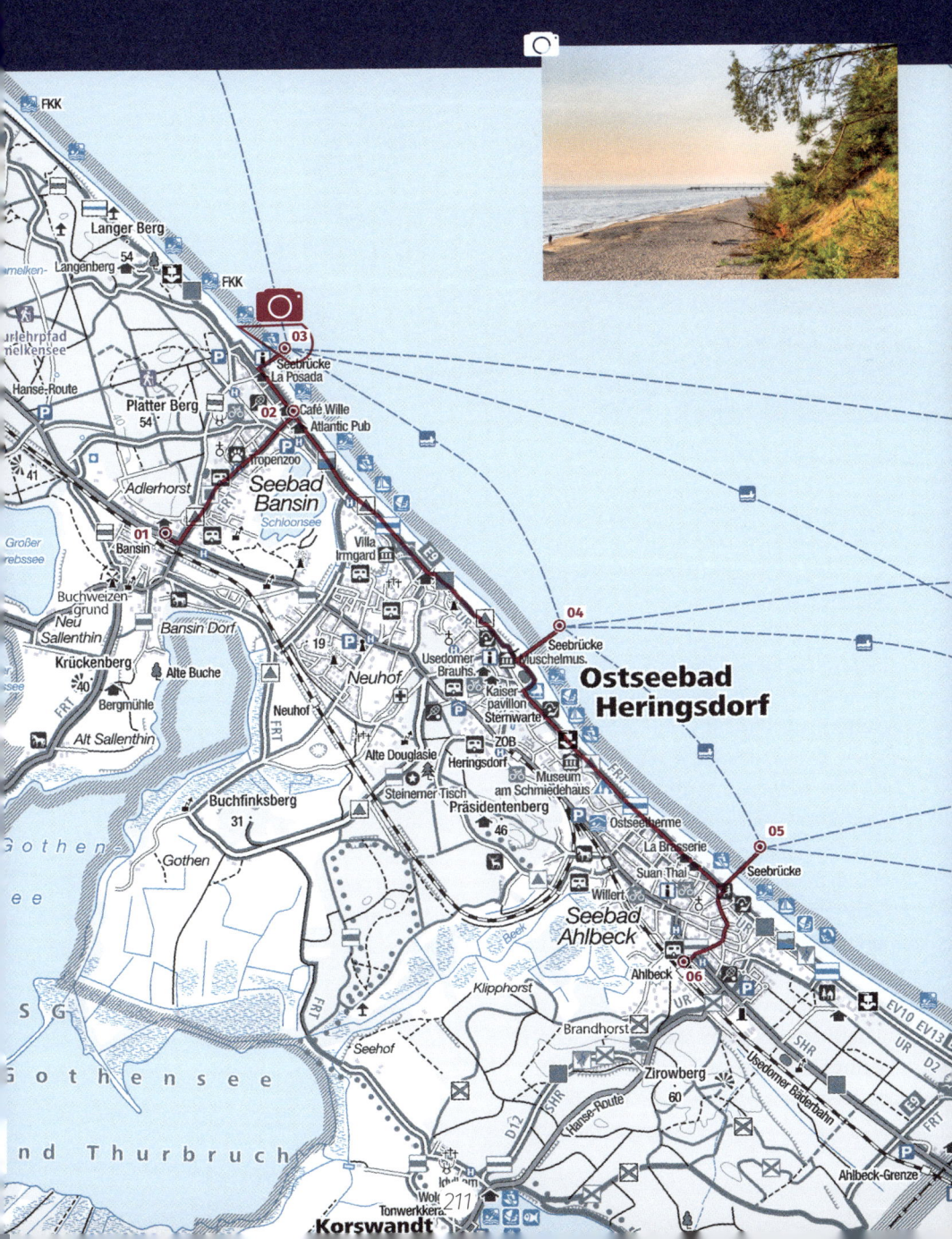

Wanderlexikon

Alles eine Frage des Verständnisses: eine kurze Erklärung der wichtigsten Grundbegriffe rund ums Wandern.

Schwierigkeit: Die Einteilung erfolgt nach der Länge, der zu leistenden Höhenmeter und den technischen Ansprüchen der Tour.

Leicht: Einfache Wanderungen ohne besondere Anforderungen und nötige Vorkenntnisse.

Mittel: Wanderungen mit zum Teil steilen Anstiegen oder kurzen ausgesetzten Stellen. Schlüsselstellen und Schwierigkeiten werden im Tourencharakter beschrieben. Eine grundlegende Ausdauer und Wandererfahrung ist vorausgesetzt.

Schwer: Lange und/oder anspruchsvolle Wanderungen oder Bergtouren. Die Tour kann über steile und ausgesetzte Pfade führen. Gute Kondition, Trittsicherheit und

Schwindelfreiheit sind je nach Charakter der Tour erforderlich.

Leichte Kletterei: Schwindelfreiheit und feste Bergschuhe sind erforderlich. Diese Passagen sind nur unter Zuhilfenahme der Hände zu bewerkstelligen.

Seilversichert: Schlüsselstellen sind mit (zumeist) verankerten Stahlseilen gesichert.

Markierter Wanderweg: Ausgeschilderter und zumeist nummerierter Wanderweg. Die Wegenummern werden in der Tourenbeschreibung und in der Karte aufgegriffen.

Variante: Vorschlag die Tour zu erweitern oder ein alternativer Routenverlauf.

Weiter wandern

Auf den Geschmack gekommen? Die Ostsee bieten ein wahres Füllhorn attraktiver Spaziergänge und Wanderungen. Hier findest du nützliche Infos und Adressen.

KOMPASS-Wanderkarten

Wanderkarte 737 Rügen, 1:50.000, 1:25.000
Wanderkarte 739 Ostseeküste von Wismar bis Usedom, 1:50.000
Wanderkarte 740 Holsteinische Schweiz, Fehmarn, 1:40.000

KOMPASS-Wanderführer

Wanderführer 5003 Rügen
Wanderlust 1604 Deutsche Küste

Touristische Informationen

Schleswig-Holstein
Tourismus-Agentur Schleswig-Holstein GmbH
Wall 55,
D-24103 Kiel,
Tel. +49 431 600 58-3,
www.sh-tourismus.de

Mecklenburg-Vorpommern
Tourismusverband Mecklenburg-Vorpommern
Konrad-Zuse-Straße 2
D-18057 Rostock
Tel. +49 381 4030550
www.auf-nach-mv.de

Ostsee-Regionen
www.fehmarn.de
www.travemuende-tourismus.de
www.kluetzer-winkel.de
www.kuehlungsborn.de

Deine Orientierung

Für das Navigationsgerät deiner Wahl haben wir alle Touren als GPX-Track zum Download.

Du planst und navigierst lieber digital? Dafür haben wir alle Touren auf unserer Webseite für dic

www.kompass.de/gpx

Damit kommst du direkt zum Download-Bereich. Einfach das richtige Produkt auswählen, herunterladen und auf das Zielgerät oder in die gewünschte App importieren.

GPX-Track GPX ist ein Datenformat für Geodaten. Mit einem GPX-Track bekommst du die rote Linie, also den Pfad, als geografische Koordinaten.

N 47° 24' 50.0076"
E 10° 20' 48.0336"

N 47° 23' 35.998
E 10° 22' 50.998

Impressum

© KOMPASS-Karten GmbH, Karl-Kapferer-Straße 5, A-6020 Innsbruck
1. Auflage 2022 (22.01)   Verlagsnummer 1302
ISBN 978-3-99121-405-2

Konzept und Bildnachweis

Konzept und Gestaltung: Thomas Kargl
Projektleitung: Miriam Weber und Julia Flory
Text und Fotos (soweit nicht anders angegeben): KOMPASS-Karten
Titelbild: Graswarder von Gregor Essi
Grafische Herstellung: KOMPASS-Karten
Bildnachweis aufgelistet mit der Seitenzahl nach Fotografen:
Fabian Künzel(†): 21/22; Christine Kurzweg: 1, 176–187, 212/213, 213, 215; Bernd Meissner: 2/3, 19, 78–85, 116–121, 146–151, 164–169, 188–193, 212; Gregor Essi: 18, 28–41, 54–59; Nico Kaiser: 18, 25, 140–145, 152–157, 170–175; Jürgen Wachowski: 19; Daniel Rüsseler: 42–53; Jan Zuch: 60–77; Simeon Kraeft: 86–91, 98–103; Anton Schneider: 92–97; Dennis Krüger: 104–109; Jan Junghans : 110–115, 128–133; Dustin Krehmke: 122–127, 158–163; Irina Mituca: 4/5, 134–139; Ulrike Eisenmann: 194–211;

Alle Angaben und Routenbeschreibungen wurden nach bestem Wissen gemäß unserer derzeitigen Informationslage gemacht. Die Wanderungen wurden sehr sorgfältig ausgewählt und beschrieben, Schwierigkeiten werden im Text kurz angegeben. Es können jedoch Änderungen an Wegen und im aktuellen Naturzustand eintreten. Wanderer und alle Kartenbenützer müssen darauf achten, dass aufgrund ständiger Veränderungen die Wegzustände bezüglich Begehbarkeit sich nicht mit den Angaben in der Karte decken müssen. Bei der großen Fülle des bearbeiteten Materials sind daher vereinzelte Fehler und Unstimmigkeiten nicht vermeidbar. Die Verwendung dieses Führers erfolgt ausschließlich auf eigenes Risiko und auf eigene Gefahr, somit eigenverantwortlich. Eine Haftung für etwaige Unfälle oder Schäden jeder Art wird daher nicht übernommen. Für Berichtigungen und Verbesserungsvorschläge ist die Redaktion stets dankbar.

Erzähl uns von deinen Abenteuern auf Instagram und Facebook mit:

#folgedeinemKOMPASS

*#folgedeinem**KOMPASS***